E. DELAUME

INSTITUTEUR

Notice Monographique

sur la

Commune de Coings

(Indre)

éditée par la *Revue du Berry*

à l'aide des subventions

du Conseil Général de l'Indre et du Conseil Municipal de Coings

CHATEAUROUX

P. MELLOTTÉE, IMPRIMEUR-ÉDITEUR

47, RUE DU GAZ, 47

—

1913

E. DELAUME

INSTITUTEUR

Notice Monographique

sur la

Commune de Coings

(Indre)

éditée par la *Revue du Berry*

à l'aide des subventions

du Conseil Général de l'Indre et du Conseil Municipal de Coings

CHATEAUROUX

P. MELLOTTÉE, IMPRIMEUR-ÉDITEUR

47, RUE DU GAZ, 47

1913

AVANT-PROPOS

Il y a longtemps déjà que j'avais songé à écrire cette notice monographique : j'hésitais à entreprendre ce travail. Mais le bienveillant accueil que m'ont toujours réservé M. Hubert, archiviste départemental, et M. Pierre, directeur de « La Revue du Berry », m'a donné confiance en me faisant penser que je pouvais peut-être réussir à faire œuvre utile.

Témoin aussi des difficultés que présente l'enseignement de l'histoire et de la géographie à l'école primaire et inspiré des nouveaux programmes officiels se rapportant à ces deux matières, il m'a semblé enfin qu'une monographie communale devenait indispensable.

En effet, l'histoire, comme la géograghie, doit avoir pour point de départ le pays natal. C'est, dit-on, par la connaissance de la petite patrie que l'on arrive aisément à la connaissance de la grande. Mais cette petite patrie est aujourd'hui encore ignorée de presque tous. Le voyageur qui interroge l'habitant d'une localité sur les curiosités qui l'environnent : maison ou château en ruine, vieille église, arbre antique... etc., n'obtient presque jamais de réponse. Cela, parce que personne n'a encore exploré les vieilles pierres du village et fouillé patiemment les archives de la commune.

Puisse donc ce modeste ouvrage porter remède un peu à cette anomalie et rendre la tâche plus facile à ceux qui auront, dans la commune de Coings, à inspirer aux enfants l'amour fidèle du sol natal. Ce sera pour moi une grande satisfaction.

E. Delaume.

Notice monographique sur la commune de Coings (Indre).

GÉNÉRALITÉS.

SITUATION.

La commune de Coings est située entre 46° 30' et 47ˢ de latitude nord et entre 1° et 30' de longitude ouest (Méridien de Paris). Elle fait partie du canton et de l'arrondissement de Châteauroux. (Autrefois du Bourgdieu.)

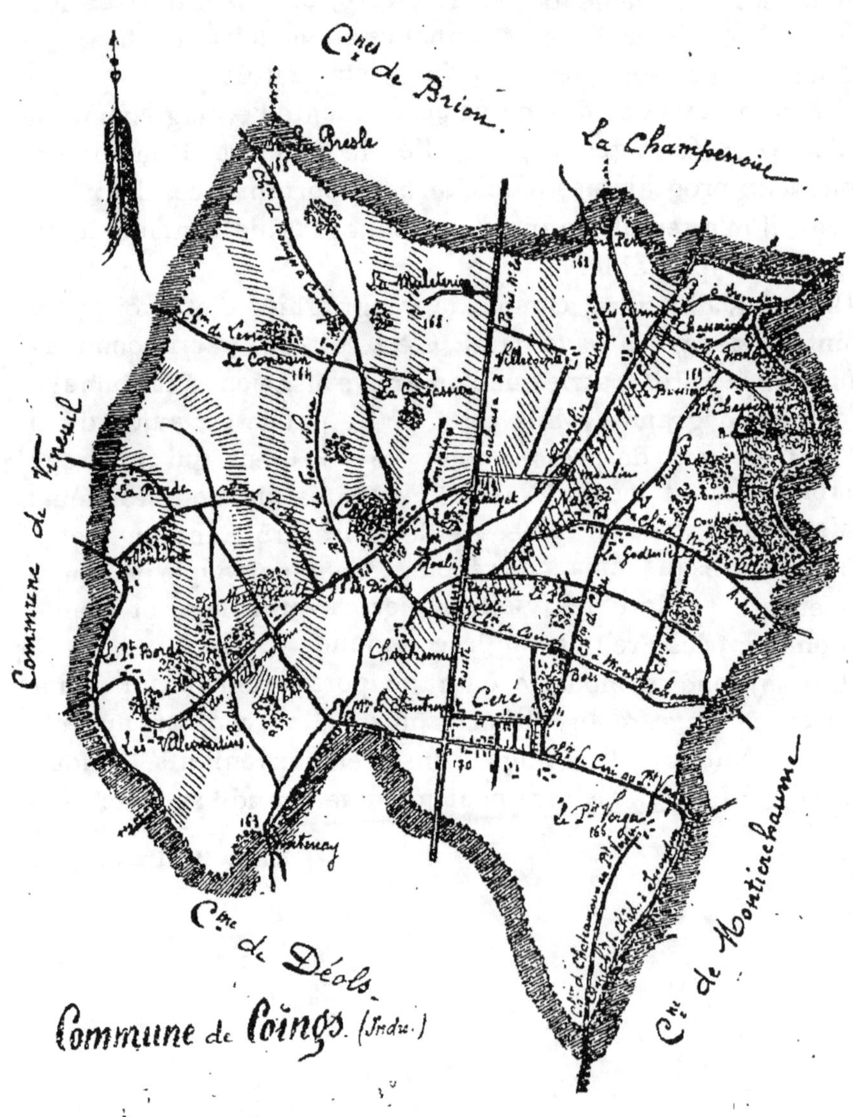

Limites. — Étendue.

Elle est bornée au nord par la commune de Brion, sur la longueur de 4 kilomètres environ ; au nord-est, par la commune de La Champenoise, sur 2 kilomètres ; au sud-est, par la commune de Montierchaume, sur 8 kilomètres ; au sud-ouest, par la commune de Déols, sur 8 kilomètres ; et au nord-ouest, par la commune de Vineuil, sur 6 kilomètres.

Ses limites sont presque partout artificielles ; on ne peut guère noter, comme frontière naturelle, que le cours de La Ringoire, sur une longueur de 1.600 mètres, entre le moulin de Chantrenne et la ferme de Fontenay.

La superficie de la commune de Coings est de 2.933 hectares, 26 ares, 63 centiares, ou de 29.332.663 mètres carrés. Sous ce rapport, elle est rangée parmi les communes les plus étendues du département.

Sa longueur, du nord au sud, est de 8 kilomètres environ. Dans sa plus grande largeur, de l'ouest à l'est, elle a un peu plus de 7 kilomètres. Son pourtour, en ne tenant pas compte d'une foule de sinuosités secondaires, est de 28 kilomètres.

Le sol et le relief.

La commune de Coings est comprise dans une des régions naturelles qui caractérisent le département de l'Indre : *La Champagne.*

De vastes plaines argilo-calcaires, plus ou moins fertiles, privées de bois et de haies, couvrent la plus grande partie de son territoire.

Aux abords des ruisseaux, sur une étendue de 460 hectares environ, c'est une plaine également, mais marécageuse, tourbeuse et suffisamment boisée.

Cette seconde partie du territoire rompt la monotonie de la plaine dénudée et est, à certains endroits, notamment au bourg de Coings, remarquable au point de vue esthétique.

La plaine marécageuse n'est séparée de la plaine argilo-calcaire que par une légère inclinaison du sol. Sur cette pente, le terrain est peu fertile, la couche de terre cultivable est très réduite et l'élément principal du sol est le calcaire.

Le relief de la commune de Coings est pour ainsi dire nul : le point culminant du territoire, le village de Ceré, a 170 mètres d'altitude et le niveau de la rivière, c'est-à-dire le lieu le plus bas, a 163 mètres. L'écart est, comme on le voit, bien minime.

Le sol enfin est incliné d'une façon générale suivant une pente qui va du nord au sud. La direction de cette pente est d'ailleurs bien indiquée par la direction des cours d'eau.

Hydrographie.

Les cours d'eau qui arrosent la plaine marécageuse de la commune de Coings sont peu importants. Le principal est l'*Angolin*, autrement dénommé *La Ringoire*.

Cette rivière, d'une longueur de 18 kilomètres environ, prend sa source dans la commune de Brion, au lieu dit Les Aubiers, et se jette dans l'Indre en aval de Déols.

Ses eaux coulent lentement du nord au sud, sur un lit vaseux, n'ayant jamais plus de 1 m. 50 de profondeur sur une largeur moyenne de 4 mètres.

Durant la saison pluvieuse, ses débordements sont assez fréquents et causent de grands préjudices aux prés et à la culture maraîchère.

Elle entre sur le territoire communal près de la ferme du Moulin Perrin, laisse sur sa droite la ferme de Villecourte et sur sa gauche le hameau des Turnes ou des Loges, passe à l'ancien moulin de Notz, appelé autrefois le Moulin des Riollons, coupe la route nationale Paris-Toulouse entre Gauget et La Rapinerie, puis fait mouvoir le moulin de Coings.

Elle continue à couler en laissant sur sa droite la ferme de La Grange des Dîmes et sur sa gauche la ferme de Chantrenne, puis fait mouvoir encore le moulin de Chantrenne.

Enfin, à la ferme de Fontenay, elle entre dans la commune

de Déols et se jette dans l'Indre par plusieurs branches.

La Ringoire reçoit trois affluents sur sa rive droite :

1° Le *ruisseau des Fontaines* (ainsi dénommé parce qu'il est alimenté par des fontaines), qui prend sa source au nord et à 200 mètres environ du bourg et qui se jette dans La Ringoire en amont du moulin de Coings.

2° Le *ruisseau de la Fosse-Noire*, qui naît près de La Presle, qui passe au Consain et qui se jette dans La Ringoire en aval de La Grange des Dîmes.

3° Le *ruisseau du Pontioux*, qui prend sa source près de La Borde et qui se jette dans la Ringoire au lieu dit : « Le communal de Montbrault. »

Ces deux derniers ruisseaux, presque à sec en été, sont de médiocre importance et ont peu d'influence sur la végétation.

Vers le XV° siècle, le ruisseau de La Fosse-Noire traversait un étang en amont du pont de La Grange des Dîmes. Cet étang longeait le côté nord du chemin de La Borde sur une longueur de 800 mètres environ et s'étendait sur les prés appelés aujourd'hui encore « prés de l'étang ». Il faisait partie de la métairie et fief de Coings. (Archives départementales A. 163 et E. 538.)

Vents. — Pluies. — Température. — Saisons.

Les vents de l'ouest et du sud-ouest, que les anciens, dans leur langage expressif, appelaient « les vents de la Fontaine », sont les plus fréquents.

Ils soufflent avec rage sur toute la région et causent des écarts de température très considérables et préjudiciables pour la culture.

Les pluies sont assez fréquentes, mais peu abondantes.

Les orages suivent généralement la vallée de l'Indre et ne font qu'effleurer la commune de Coings.

Les hivers sont froids : les neiges sont rares et fondent vite.

Les étés sont chauds, parce que le sol est calcaire, peu arrosé et privé de bois.

Le printemps commence assez tôt et activerait rapidement la

végétation, si les gelées du matin n'étaient pas si redoutables.
L'automne est généralement long et pluvieux :

> « Quinze jours avant la Saint-Michel (29 septembre),
> « L'eau ne demeure pas au ciel. »

TERRITOIRE COMMUNAL

Réunion des communes de Notz et de Coings.

Le territoire de la commune de *Coings*, avant 1817, ne comprenait qu'une partie du territoire actuel.

Au nord-ouest, à l'ouest et au sud-ouest, il était, comme aujourd'hui, limité par les communes de Brion, de Vineuil et de Déols ; mais au nord-est, à l'est et au sud-est, la route nationale côté nord, jusqu'au pont du Gauget sur La Ringoire, puis le cours de cette rivière jusqu'au moulin de Chantrenne, lui servaient de limites.

La partie restante formait une commune à part : la commune de *Notz* ou de *Saint Pierre de Notz*.

En consultant la carte, mise en tête de cette notice, on se rend compte aisément que la commune de Notz était plus étendue que celle de Coings.

La population de la première était, aussi, supérieure à la population de cette dernière. Cela est d'ailleurs bien établi sur le registre des délibérations du conseil municipal de Coings, année 1817, folio 32, et suffisamment indiqué dans un chapitre suivant.

Villages, hameaux et fermes faisant partie de la Commune de Notz, avant 1817.

Saint-Pierre-de-Notz (Notz).	La Rapinerie.
Charchérioux ou Chercherioux (Chassérioux).	Ceré, Ceray ou Serée.
Le Moulin-Perrin (en partie).	Les Riollons ou Moulin de Notz.
La Godinière.	Le Verger.
La Place (Petite et Grande).	Villecourte.
Le Bois ou Petits-Cerés.	Chantrenne (ferme et moulin).
	Les Loges (Les Turnes).

(La Bussière et La Fumerolle faisaient partie de Chercherioux.)

Villages, hameaux et fermes faisant partie de la Commune de Coings, avant 1817.

Coings (Le bourg).
Le domaine et le moulin de Coings.
La Borde (Petite et Grande).
Le Brault (Montbrault).
Le Consain.
La Gorgassière.
La Grange des Dîmes ou Maison-Neuve de l'Etang.
Gauget.
Montchet.
La Muleterie.
La Presle.
Les Villemartins.

(Le village de La Gaieté n'existait pas ; il ne fut construit que vers 1860.)

*
* *

Les communes de Coings et de Notz furent réunies en 1817 par une ordonnance royale ainsi libellée :

Louis, par la grâce de Dieu,
Roy de France et de Navarre,
A tous ceux qui ces présentes verront : Salut.
Sur le rapport de notre ministre, secrétaire d'Etat au département de l'Intérieur ;
Notre Conseil d'Etat entendu ;
Nous avons ordonné et ordonnons ce qui suit :

ARTICLE PREMIER.

La commune de Notz, canton de Châteauroux, département de l'Indre, est réunie à celle de Coings ;
En conséquence la mairie de Notz est supprimée ; ses papiers et registres seront transférés aux archives de la mairie de Coings.

ARTICLE II.

Nos ministres, secrétaire d'Etat de l'Intérieur et des Finances sont chargés de l'exécution de la présente ordonnance ;
Donné en notre château des Tuileries, le 1er octobre, l'an de grâce mil huit cent dix-sept et de notre règne le 23me.

Signé : LOUIS.

Par le roy,
Le ministre, secrétaire d'Etat au département de l'Intérieur.
Signé : LAINÉ.

Pour ampliation,
Le secrétaire général du ministre de l'Intérieur par intérim, chef de la 2me division :
Signé : LESCARÈNE.

Le Conseiller de préfecture, secrétaire général,
Signé : (Illisible.)

(Archives communales.)

Le 15 novembre suivant, le sieur Véras de La Bastière, maire de Notz, remettait au sieur Darnault Joseph, maire de Coings :

1° Les *Bulletins des Lois*, depuis le n° 1 de la 1re série, jusque y compris le n° 17 de la septième série du tome cinq.

2° La collection des actes administratifs.

3° Les registres de l'Etat civil depuis l'an 1669 jusque y compris la présente année 1817.

4° Le portrait de sa majesté Louis XVIII.

5° Le cachet de la mairie de Notz.

6° Douze chaises appartenant à ladite commune de Notz.

7° Le registre des délibérations du Conseil municipal.

8° Les Etats de sections.

9° Papiers volants, différents arrêtés de la Préfecture, comptes, budgets... etc...

(Extrait du procès-verbal de la délibération du conseil municipal de Coings, en date du 15 novembre 1817.)

UN PEU D'HISTOIRE.

Dans les temps primitifs, à l'époque des Bituriges, quel aspect avait le pays où se trouve aujourd'hui la commune de Coings ? On ne peut le dire au juste.

Si l'on s'en rapporte aux légendes édifiées sur Denis le Gaulois et Léocade, fondateurs de Déols, toute la contrée devait être couverte de forêts et les bêtes féroces s'y montraient nombreuses et redoutables.

Fauconneau-Dufresne, dans son ouvrage intitulé : « Histoire de Déols et de Châteauroux », présente la région sous un aspect moins sauvage : « Le pays, dit-il, était agréable et fertile, » très propre au plaisir de la chasse et garni de toutes les » choses nécessaires à la vie de l'homme. »

Quoi qu'il en soit, on peut affirmer que le territoire de la commune, en ces temps lointains, était déjà habité ; les mardelles ou margelles, sorte de puits que l'on rencontre dans les terres de La Bussière, de la Rapinerie et du Consain, en font foi.

Au moment où César commença la conquête de La Gaule, plusieurs villes existaient déjà dans les environs : Ardentes *(Alerea)*, Issoudun *(Exoldunum)*, Levroux *(Gabatum)*, Déols *(Bourg-Dieux, Bourc de Dious, Deurys...)*.

Coings (si l'on peut désigner ainsi notre commune à cette époque), se trouvant à proximité de ces centres, devait en ressentir l'influence. Ce devait être un lieu souvent parcouru par les habitants de l'une ou de l'autre de ces villes ; peut-être même n'était-ce qu'un simple rendez-vous de chasse.

Après la conquête de la Gaule par les Romains, le pays eut à souffrir de l'invasion des barbares.

Les Suèves, les Alains, les Vandales ne firent qu'y passer ; mais les Wisigoths s'y établirent (475). Un empereur romain aidé de 12.000 Bretons, essaya de les en chasser, mais il fut battu près de Déols (Hardy et Tortrat, page 9). La commune de Coings fut peut-être le théâtre de cette guerre.

Les Wisigoths demeurèrent dans tout le Berry jusqu'à ce que Clovis les eût battus à Vouillés (507).

Sous les Mérovingiens et les Carlovingiens, aucun fait intéressant spécialement la contrée n'est à signaler. On dit simplement que sous Louis, fils de Charlemagne, le prince de Déols, Lambert, avec les seigneurs des environs, joua un rôle important dans les guerres intestines qui eurent lieu.

En ces temps de guerres continuelles, les hommes cherchèrent un refuge dans la religion.

Léocade et Saint Ursin prêchèrent le christianisme.

Léocade, fondateur de Déols, descendait, comme nous l'apprend son parent Grégoire de Tours, de Vectius Épagathus, martyrisé à Lyon avec Saint Pothin, l'an 177.

On place aussi à Vatan *(Vastinum)* le martyre de Saint Laurian atteint par des satellites d'un roi des Goths.

Plusieurs princes de Déols firent le pèlerinage en Terre Sainte, entraînant avec eux les seigneurs de la contrée qui, en qualité de vassaux, leur devaient le service féodal.

En 917, Ebbes le Noble fit construire l'abbaye de Déols.

Vers la même époque, des moines bretons, fuyant les Normands, vinrent dans le Bas-Berry, apportant avec eux les reliques de leurs saints.

Ebbes, pour les recevoir, fonda l'abbaye de Saint-Gildas, entre la rive droite de La Ringoire et l'Indre.

Ce prince mérita la reconnaissance des habitants de la

contrée surtout par la bravoure avec laquelle il lutta contre les Normands, qui auraient, dit-on, pénétré jusque-là.

Son fils Raoul Ier abandonna le séjour de Déols pour laisser ce domaine aux religieux.

Il fit construire sur la rive gauche de l'Indre en 940, un château appelé le château Raoul (ou *Roulx* ou *Chastel-Raous*, plus tard *Roux*, de là Châteauroux), et y établit sa résidence.

Après l'avènement de Hugues Capet (987), le Berry se partagea en deux fiefs principaux : le Haut-Berry, appartenant aux Vicomtes de Bourges, qui reconnurent la suzeraineté du roi de France, et le Bas-Berry, ayant pour chefs les princes de Déols, qui se déclarèrent vassaux du duc d'Aquitaine.

Le domaine de ces derniers s'étendait à peu près sur le territoire qu'embrasse actuellement le département de l'Indre.

Par le mariage d'Eléonore d'Aquitaine avec Henri de Plantagenet, le Bas-Berry passa aux mains des Anglais.

La Principauté de Déols fut alors vivement disputée par les rois de France et d'Angleterre.

Philippe-Auguste et Richard-Cœur-de-Lion surtout se signalèrent dans la région.

Philippe convoqua à Bourges tous les seigneurs, ses vassaux, puis il pénétra avec une forte escorte dans le Berry-Aquitain.

Il commença par s'emparer d'Issoudun, de Graçay et d'un grand nombre de châteaux. Puis, après avoir ravagé les environs de Déols, il vint mettre le siège devant Châteauroux ; mais il ne put réussir à pénétrer dans la ville.

Philippe et Richard ne tardèrent pas à se trouver en présence.

Ils tinrent une conférence dans un lieu qui, de la rencontre des deux rois, a conservé le nom de Villerays *(Villa Regum)* (petit village sur la lisière de la commune de Coings, faisant partie aujourd'hui de la commune de Montierchaume). (F. Dufresne, tome I, page 230).

On raconte qu'au moment où ils conféraient, éloignés de leurs escortes, un serpent sortit tout à coup d'un arbre creux et que les deux rois tirèrent leurs épées pour le tuer. Les hommes d'armes, croyant qu'ils voulaient se battre, seraient accourus, et une mêlée allait s'engager ; mais les deux princes leur crièrent de rester en repos. Un vieil historien écrit que sous l'apparence de ce serpent le diable devait être caché et que celui-ci « vouloit mettre et continuer ces roys en inimitié ». (D'après L. Raynal, *Histoire du Berry*, tome II, page 97).

Cette conférence fut suivie d'une trêve d'un an. A son expiration, la guerre recommença et une nouvelle lutte s'engagea vers Issoudun.

Ce n'est qu'en 1205 que Philippe-Auguste réussit enfin à se rendre maître de tout le Bas-Berry.

Pendant la guerre de Cent ans, le pays se ressentit de l'invasion anglaise.

En 1356, le Prince de Galles s'avança jusqu'à Châteauroux, et s'empara de cette ville qu'il brûla par dépit de n'avoir pu prendre le château.

Les Grandes Compagnies firent des ravages dans les campagnes principalement. F. Dufresne écrit à ce sujet : « Nos » plaines (environs de Châteauroux) étaient parcourues sans » obstacle par des bandes qui pillaient tout ce qu'il y avait à » prendre, et qui trouvaient, dans nos bourgades fermées, des » repaires où elles attendaient l'occasion de nouveaux brigan- » dages. »

La commune de Coings, voisine de celle de Châteauroux, ne fut pas épargnée certainement, ni par les Anglais, ni par les grandes compagnies.

Pendant les guerres de religion, les protestants assiégèrent Issoudun (1562), et dévastèrent ensuite l'abbaye de Saint-Gildas.

Il n'est sorte d'excès qui n'aient été commis dans ces temps d'affreuses discordes, disent les historiens.

A Déols, non seulement tout ce qui paraissait tenir au culte de la religion romaine fut détruit, mais encore on passa au fil de l'épée les prêtres, les religieux, jusqu'aux religieuses, qui, après avoir subi les derniers outrages, ne purent échapper à la mort.

A la campagne, dit-on, ce n'étaient que continuels engagements entre les bandes des différents partis.

Coings dut ressentir le contre-coup de ces tristes événements.

Le clocher de l'ancienne église Saint-Paul, aujourd'hui disparue, fut réparé peu de temps après la fin de ces guerres, probablement fut-il endommagé par les troupes des novateurs, étendant leurs ravages jusqu'ici. Les fossés qui entouraient cette ancienne église (voir chapitre spécial), n'ont-ils pas été creusés également à cette époque pour protéger cet édifice ? Cela est encore vraisemblable.

En 1612, le Bas-Berry fut acheté par Henri II de Bourbon et érigé en duché-pairie.

Henri II s'intitulait duc de Châteauroux et aussi seigneur d'Arthon, de *Coings*, de Déols, d'Etréchet, de Jeu-les-Bois, de La Pérouille, de Lourouer, de Luant, de Mehun, de *Notz*, de Saint-Martin d'Ardentes, de Sassierges, de Velles et de Vineuil (F. Dufresne, tome II, p. 1184).

En 1632, Louis XIII, âgé de 31 ans, traversa le territoire de la commune en revenant de Toulouse où il était le 30 octobre, jour où le maréchal de Montmorency y fut décapité.

On voit dans son itinéraire qu'il couche, le 9 novembre, à Limoges, le 10 à Morterolles, le 11 à Saint Benoît-du-Sault, le 12 à Saint-Marcel. Le 13, il était à Châteauroux et logé au Château Raoul. Le 14, on le fit chasser dans la forêt ; le 15, il passait ici pour se rendre à Vatan, et le 16 il était à Romorantin (F. Dufresne, tome 2, p. 960).

Henri II de Montmorehcy, maréchal de France, décapité à Toulouse, était frère de la princesse de Condé, Charlotte-Marguerite de Montmorency, femme de Henri II, prince de Condé, duc de Châteauroux.

Voici précisément un document dans lequel il est question de ladite princesse :

« Du 22 May 1613. Hommage rendu à S. A. S. Mgr le Prince, par Jean Bouilhat, pour raison de la Justice moyenne et basse et seigneurie de Coings et dépendances ; receu par D° Charlotte Margueritte de Montmorency, épouse de Mgr le prince de Condé. Signé : de Montmorency, et plus bas, par commandement de Madame. Moreau greffier. (Archives départementales, A. 2, armoire 5, chapitre 73.)

Le Grand Condé, fils de Henri II de Bourbon, entraîna, dit-on, toute la noblesse de la province dans la coupable guerre de La Fronde.

Mais l'histoire ne relate aucun fait remarquable intéressant particulièrement la contrée.

A cette époque, messire Bouilhat, officier du bailliage de Châteauroux, représentait la noblesse à Coings ; en 1687, François Salomon Lassée, seigneur de Coings, était conseiller et secrétaire de Mgr le Prince ; prirent-ils part à La Fronde ? Ont-ils suivi Condé dans ses expéditions ? Cela est possible, mais on ne saurait l'affirmer, faute de preuves.

Le duché de Châteauroux, vendu en 1735 à Louis XV, fit retour au domaine royal, et plus tard fut donné en apanage au Comte d'Artois, frère de Louis XVI (Charles X).

Ledit Comte d'Artois possédait le fief de Saint Pierre de Notz et étendait ses droits seigneuriaux sur les deux paroisses de Notz et de Coings (Archives départementales, A, 1).

On sait également qu'il joua un rôle important dans l'histoire nationale, et que, dans la région, ses actes de bienveillance lui valurent une grande popularité.

Sous Louis XVI, Turgot eut l'idée de créer, dans chaque province, une assemblée élue par le pays, quelque chose comme un conseil général.

Necker trouva cette réforme nécessaire, mais avant de l'appliquer, il l'essaya tout d'abord dans le Berry.

Cette assemblée provinciale du Berry, composée des membres des trois ordres, fut très active ; elle demanda la réforme des impôts, elle abolit la corvée, elle créa des ateliers de charité, etc... On reconnaissait que cette assemblée pouvait rendre de grands services et l'opinion publique se prononçait déjà hautement en sa faveur.

Mais les événements se précipitaient : on réclamait partout la convocation des Etats-Généraux.

Enfin, le 24 janvier 1789, la convocation des Etats-Généraux

fut décidée et cette mesure si longtemps attendue fut procla-
mée dans toutes les provinces.

Le 9 mars suivant, le Tiers-Etat de tout le bailliage était
réuni dans l'église des Capucins à Châteauroux, il résumait un
cahier de pétitions, de plaintes et de remontrances et nommait
des délégués pour les élections prochaines.

Joseph Bertrand de Greuille, avocat, et Clément Gourichon
représentaient la commune de Coings.

Silvain Bruneau, syndic, et Cl. Lézard, laboureur, représentaient la commune de Notz.

Le 16 mars suivant, dans l'église des Carmes à Bourges, les
délégués des trois ordres du Grand Bailliage du Berry tinrent
leur assemblée générale et élirent les députés aux Etats-Généraux.

Seize députés furent élus : huit pour le Tiers-Etat, et quatre
pour chacun des autres ordres.

C'est un de ces députés, le sieur Legrand, avocat à Châteauroux qui, le 16 juin, proposa aux membres du Tiers-État de
prendre le titre d'Assemblée Nationale.

De ce jour datent la fin de l'ancien régime et le commencement de la Révolution.

Dans la plupart des communes de l'Indre, il y eut, à cette
époque, de la fermentation. Les prêtres réfractaires excitaient
les populations des campagnes à la révolte, et cette excitation
se traduisait souvent par des actes de violence ; les récoltes
étaient mauvaises, le pain était cher, les impôts, sans compter
les redevances au seigneur et au clergé, étaient particulièrement lourds (sur 100 francs de revenu net, l'impôt direct prenait 53 francs, le sel coûtait 13 sous la livre... etc...). Tout cela
provoquait de fréquentes émeutes.

Les communes de Notz et de Coings n'étaient pas privilé-
giées, et, comme partout ailleurs, des troubles durent s'y produire. Malheureusement, je n'ai aucun fait à relater se rattachant à ces temps de révoltes. Peut-être le pays fut-il assez
calme pour ne point se signaler.

Je n'ai d'intéressant à noter que la vente des biens des
émigrés.

En l'année 1791, le domaine du Consain, appartenant aux religieuses de Châteauroux, fut acquis par le sieur P. Crublier ; le domaine de Montchet, du duché de Châteauroux, passa au nom de François Pâtureau ; des terres appartenant à la Cure de Coings, à Saint-André de Châteauroux, au séminaire de Saint-Sulpice de Paris, à la Fabrique de Montierchaume furent achetées par les sieurs J. Ch. Guesnyes, Pâtureau, Pierre Moreau, Louis Rabier.

En l'an 4, le presbytère de Coings et le presbytère de Notz eurent comme acquéreurs Cluis Ravet et Ch. Clérault.

Puis, en 1813, d'autres terres (les marais de Servins, aujourd'hui le communal de Villecourte, le marais de la Fosse rivière, les Saules, l'Arcade de Goget, le pré de la Fourchette, le pré de Fontenay, le pré du Rivage, le pré du Marais rouge) provenant toutes du duché de Châteauroux, rentrèrent dans les biens communaux (arch. départ. biens nationaux).

GARDE NATIONALE.

C'est l'époque où chaque commune se donna une municipalité et créa une garde nationale pour se défendre contre les entreprises possibles de la royauté et des ordres privilégiés.

Dans les archives communales je retrouve plusieurs pièces concernant la Garde nationale ; malheureusement les plus anciennes ne datent que de 1831 et par conséquent je ne puis dire au juste ce qu'était, à Coings, la garde à son début.

En 1831, la liste de recensement comprenait 150 inscrits.

En 1832, le contrôle général du service ordinaire comptait 82 inscrits et le contrôle général de la réserve en comptait 95.

En 1846, il y avait encore 130 inscrits.

En 1870, à la veille d'être supprimée, la Garde était toujours aussi forte et parfaitement organisée.

Voici d'ailleurs les officiers, sous-officiers et caporaux qui la composaient :

Capitaine :   Palice Etienne.
Lieutenant :   Guignard Laurian.
Sous-lieutenant : Raton Nazaire.

Sergent-major :   Desaix Louis.
Sergent-fourrier : Lassimone François.

Sergents :
- Delarge Etienne.
- Trumeau Paul.
- Lucas Napoléon.
- Luneau André.

Caporaux :
- Mitaty Jacques.
- Borget Clément.
- Tiessel Charles.
- Grégoire François.
- Chuat Ulysse.
- Couturier Ursin.
- Guilbault François.
- Guerteau Théodore.

Beaucoup de ces gradés ou d'anciens gardes nationaux sont toujours de ce monde, et on se rappelle encore être venu faire l'exercice sur la place de la mairie, sous l'habile commandement du sieur Palice.

Pour revenir à l'époque de la fin de la Révolution, les grands événements de l'histoire nationale n'ont eu ensuite qu'une faible répercussion dans la commune.

En voici quelques indices :

Etat de distribution de la somme de 1450 fr. 99, payée par la ville de Châteauroux pour fournitures de vivres et fourrages faites en 1815, lors du passage de l'armée de la Loire, et versées par les habitants de Coings dans les magasins de ladite ville de Château-Roux (archives communales).

Lors de la Révolution de 1830, la municipalité faisait placer le drapeau tricolore au faîte du clocher en signe de manifestation (registre délib. année 1830, folio 59).

En 1856, le conseil municipal faisait distribuer du pain aux indigents en l'honneur du baptême impérial.

En 1867, le maire propose au conseil de voter une adresse à Sa Majesté l'Empereur pour lui exprimer les sentiments d'indignation qu'a fait éprouver à tous les habitants de la commune l'attentat dirigé contre l'Empereur de Russie et qui a mis en péril la vie de l'Empereur Napoléon.

En 1869, sous la rubrique « Fête de l'Empereur », je relève ceci : « Le maire rappelle au conseil que la fête de l'Empereur « sera célébrée le dimanche 15 août, présent mois. Un *Te Deum*, « auquel assistera le conseil municipal, sera chanté à l'issue de « l'office divin. »

Puis survint la terrible guerre de 1870.

Nombre d'habitants de Coings, faisant partie de l'armée active, des mobiles et des mobilisés, ont participé à cette guerre ; malheureusement tous ne sont pas revenus. Deux sont morts prisonniers en Allemagne :

Desmolles Frédéric, soldat au 95ème de ligne, décédé le 25 février 1871 à Kœnigsberg.

Moreau Jean-Baptiste, soldat au 114ème de ligne, décédé le 2 mai 1871 à Bambert.

Un autre, le caporal *Morin* Denis, fut tué en combattant à Sedan.

Enfin cette guerre terminée, la IIIme République donna au pays une paix et une prospérité qu'il n'avait jamais connues.

A partir de cette époque, l'histoire de la commune se confond avec l'histoire générale.

LES FIEFS.

A Coings et à Notz il existait autrefois bon nombre de fiefs. Tous faisaient partie de la châtellenie de Neuvy-Pailloux. C'étaient, par ordre d'importance, les fiefs de *Coings*, de *Saint Pierre de Notz*, de *Chantrenne*, de *Ceré*, de *Villecourte* et de *La Presle*.

Le seigneur de Neuvy-Pailloux étendait ses droits de suzeraineté sur quatre paroisses : la paroisse de Neuvy-Pailloux, la paroisse de Montierchaume, la paroisse de Notz, la paroisse de Coings, et en ces paroisses il avait le pouvoir de créer et établir bailli, lieutenant et procureur fiscal, serfs taillables et mortaillables (arch. départ. A. 105).

Les seigneurs vassaux de ladite châtellenie étaient tenus au XVII⁰ siècle, de rendre hommage, non seulement au sei, gneur de Neuvy-Pailloux, leur suzerain, mais encore en haut lieu, au duc de Châteauroux, et c'est « nud teste, sans espée, ny esperons » qu'ils juraient « fidellité, service, obéyssance sur peine de perte de fief par droit de commise en cas de fellonnye » (1) (arch. nationales P. 7921).

Le fief de Coings.

Certains historiens racontent qu'en considération de Léocade, fondateur de Déols, plusieurs seigneurs bâtirent leurs châteaux en lieux voisins de son palais ; le fief de Coings, situé à proximité de Déols, semblerait donc dater de cette époque.

De plus, les fossés qui contournent aujourd'hui encore le parc du château sur une certaine distance et les nombreux souterrains que l'on découvre lorsque l'on creuse des fondations au bourg de Coings, ou que l'on fait des labours profonds dans les terres de la Garenne, en font connaître également l'ancienneté. Mais ce ne sont là que des indications vagues auxquelles il n'y a pas lieu d'attacher beaucoup d'importance.

Le document le plus ancien concernant le fief de Coings date de 1294 et signale *Hemericus de Cerys* comme seigneur de Coings. On ne peut donc mieux penser que de faire remonter à cette date la fondation dudit fief.

J'aurais voulu faire l'historique de l'ancien château seigneurial ; mais, faute de pièces nécessaires, cela ne m'a pas été possible. Il a dû cependant, suivant les temps, changer d'aspect, subir de nombreuses transformations et supporter, vu sa situation proche des grands centres, de rudes assauts à l'époque des guerres ; mais je n'ai rien retrouvé se rattachant à ce sujet spécialement.

Le château actuel est de modeste apparence et peu luxueux, mais il a l'avantage d'être entouré du plus remarquable parc de la contrée.

Une tourelle, située à l'est du château et servant d'habita-

(1) Fellonnye : forfaiture qui fait tomber le fief en confiscation.

tion pour le garde, paraît assez antique, mais elle ne présente elle-même aucune particularité intéressante.

Enfin voici la liste, à peu près complète, des seigneurs

LE CHÂTEAU DE COINGS.

ayant habité le fief de Coings, depuis le XVIᵉ siècle, et le nom des propriétaires qui leur ont succédé ensuite jusqu'à nos jours :

1540 : *Silvain* BYAULT, grenetier à Buzançais, époux de Mathurine de Secondat.

1570 : *Jean* GAYAULT, époux de Martine Fraignet.

1574 : *Martine* FRAIGNET, veuve de ce dernier et sa fille : *Florence Gayault*.

1587 : *Martine* FRAGNÉS.

1600 : *François* MARESCHAL, sieur d'Azy, époux de Martine de la Croix.

1606 : *Jean* BOUILHAT, lieutenant à Châteauroux, époux de Anne de Vallentiennes.

1644 : *Claude* BOUILHAT, lieutenant général, civil et criminel au baillage de Châteauroux, époux de Anne Richard.

1685 : *François Salomon* LASSÉE (ou de Lassée) conseiller ordinaire, secrétaire de Monseigneur le prince de Condé, époux de Anne Bouilhat.

Ses armes étaient *d'azur à un lion d'argent accompagné de deux étoiles de même, une en chef et l'autre en pointe.*

(Armorial du Berry, n° 57, page 234).

1701 : *Elie-Salmon* DE LASSÉE, époux de Elisabeth Guitaux.

1733 : *Jean-Baptiste* DE LASSÉE, époux de Rose-Lucie Lefèbre de Varenne.

1739 : *Pierre-Etienne* GAULIN, époux de Rose-Lucie Lefèbre de Varenne, veuve de Jean-Baptiste de Lassée.

Ses armes étaient *de sinople à un aigle d'argent*.

(Armorial du Berry, n° 141, page 246)

1760 : *Lucie-Rose* LEFÈBRE DE VARENNE, veuve de ce dernier, et *Catherine* DE LASSÉE.

1763 : *Claude-François* LEBLANC, écuyer, époux de Marie-Louise Tauxier.

1782 : *Dame* LEBLANC, veuve de ce dernier.

Puis viennent ensuite :

1815 : LECAPELAIN.

1844 : LEMOINE-LENOIR, directeur des Contributions indirectes à Châteauroux.

1866 : DURIS-DUFRESNE *Jules*, propriétaire à Châteauroux.

1879 : DURIS-DUFRESNE *Léon*, propriétaire à Chasseneuil.

1883 : DESJOBERT DE PRAHAS, propriétaire à Châteauroux.

1889 : NORMAND *Henri*, propriétaire à Paris.

Et depuis 1900 : AUBRUN-MAYET, propriétaire à Coings.

*
* *

GÉNÉALOGIE DE BOUILHAT

En 1606, *Jean* BOUILHAT, assesseur à la maréchaussée de Berry, achète la seigneurie de Coings.

Jean Bouilhat est nommé bailli du comté de Châteauroux le 20 novembre 1606.

Jean Bouilhat bailli change son titre en celui de lieutenant civil et criminel par lettres de provisions d'Henri de Bourbon en date du 16 avril 1625.

Jean Bouilhat eut de sa femme Anne de Vallentiennes :

1° *Gabriel*, né le 1er mai 1611 ;

2° *Claude*, lieutenant général, seigneur de Coings, enterré dans la chapelle de Saint Joseph de Saint-André de Châteauroux, le 30 octobre 1677.

Claude BOUILHAT eut de sa femme Anne Richard :

Anne BOUILHAT qui épousa, le 15 janvier 1678, *François Salomon Lassée*, intendant des affaires de Mgr le Prince, originaire d'Angoumois. (Note de Mr Hubert, archiviste départemental.)

GÉNÉALOGIE DES LASSÉE OU DE LASSÉE

I

Salomon LASSÉE de la paroisse de Ventouse (332 h.) en Angoumois, époux de Louise Bourseau :

1° *Charles-Pierre* LASSÉE ;

2° *François-Salomon* LASSÉE, qui suit ;

3º *Anne* Lassée, épouse de Bertrand du Peyrat, originaire de Larochefoucault, Maître des eaux et forêts de Bommiers ; — inhumée le 4 novembre 1695 dans le chœur de l'église de Mâron, proche Paul Lassée.

II

François-Salomon Lassée, époux de Anne Bouilhat.

Anne Bouilhat meurt à l'âge de 27 ans et est inhumée en l'église de Saint André à Châteauroux le 14 août 1685.

III

Elie-Salomon Lassée, époux de Elisabeth Guitaux, décédé en 1733 et inhumé dans le chœur de l'église de Coings, laissant deux enfants :

1º *Jean-Baptiste* Lassée ou de Lassée qui suit ;

2º *Catherine-Rose-Elisabeth de Lassée*, épouse de Claude-Pierre de Brossard, seigneur de la Morinerie.

IV

Jean-Baptiste de Lassée laisse de sa femme Hyacinthe-Lucie Lefébre de Varennes deux filles posthumes : *Catherine* et *Marie*.

(Note de Mʳ Hubert, archiviste départemental.)

Droits, cens et rentes du seigneur en 1613.

En 1613, noble Jehan Bouilhat, seigneur de Coings, lieutenant à Châteauroux, avait, en son fief, les droits, cens et rentes ci-dessous énumérés:

» Un droit de justice moyenne et basse jusque à sept solz, six deniers. »
Les limites de cette justice allaient de « la fontaine sainct Paul en tirant
» à la fontaine Michel, et d'illec tirant le long de la rivière de Coings,
» contrelus en venant au Ponsot, et d'illec tirant à l'Estaupin de la for-
» tune et d'illec venant au carrefour du bout de ladicte garenne dudict
» lieu de Coings jusques au chemin de Bouge et d'illec tirant le long du
» grand chemin par lequel l'on va dudict lieu de Coings au bourg de
» Déolz, tirant tout droict au bout de la chaussée de l'estang de Coings
» du costé devers Coings, et d'illec tirant à la fontaine de Tesse et d'illec
» tirant à la dicte fontaine Sainct Paul. » (*Arch. natᴵᵒˢ* P. 792ˢ.)

Ladite justice venait en appel, soit en la châtellenie de Neuvy-Pailloux, soit au duché de Châteauroux. Quant aux affaires importantes, elles ne pouvaient être jugées qu'en ces derniers lieux.

Voici, à titre d'exemples, quelques sentences rendues par l'une ou l'autre de ces hautes justices à diverses époques :

« Du 5 novembre 1526 sentence rendue par le Juge de Neuvy-Pailloux
» en faveur de la Dᵉ de Châteauroux, pour raison des droicts de rachat

» du Douzain de Coings, saisy par son receveur, faute de paiement du-
» dict droit, foy et hommage non rendus. Acte en parchemin signé : Pil-
» lac, Greffier, Cotté n° II.

(Archives départ., armoire 5, chap. 73.)

« Du 28 Juin 1657, sentence rendue à Châteauroux au proffit de Michel
» Guillard, demandeur, contre Michel Chéret, défendeur, par laquelle
» ledit Chéret est condamné de payer audit Guillard les arrérages et par
» luy demandés, d'une rente due sur des héritages scitués à Cher-
» chérioux, paroisse de St Pierre de Nau. Ladite sentence en 2 feuillets
» de parchemin, signé : Chaveneau, Greffier : Cotté n° 21. »

(Archives départ., armoire 7, chap. 134.)

Un autre cas se présente, et non moins intéressant :

« Aujourd'huy, dix-huit janvier, mil sept cent soixante dix-huit, par-
» devant Nous : Gabrielle de Laleuf Bailly, Juges civille, criminelle et de
» police de la Justice et Châtellenie de Neuvy-Pailloux, est comparu :
» Catherine Rousseau, fille de Silvain Rousseaü, journalier, demeurant
» au village de Serez, paroisse de St Pierre de Notz, et de Anne Collet,
» demeurant avec lesdits père et mère, acisté dudit Rousseau son père ;
» laquelle nous a dit et déclairoit : que François Bonnassy, fis de Fran-
» çois Bonnassy, laboureur demeurant à la métherie de Serez, paroisse
» de St Pierre de Notz, lequel est âgé de trente ans et demeure avec ses
» père et mère, qui depuis deux jours s'est absenté, l'ayent recherché en
» mariage pendant plusieurs années, et qu'elle est enceinte de ces œuvres
» de environ six mois. Delaquelle déclaration nous avons fait acte et avons
» enjoint laditte Rousseau de se conformère au règlement de sa majesté
» sous les painnes de droit, sof à elle à ce pourvoir contre ledit Bonnassy.
» De ce enquis, la minutte des présentes : signé : de Laleuf et Duchesne,
» Greffier. »

(Archives communales, feuille rattachée aux anciens registres de l'Etat
     civil.)

Revenant à la date de 1613, le seigneur avait en outre : « un droict de
» bailler mesures à vin et prendre et louer pour chascun thonneau de vin
» qui se vend en détail au dehors des fins et limittes de laditte justice de
» Coings, deux pintes de vin. »

« Plus un droict de colombier, de fuye (volière) et laquelle antienne-
» ment estoit construicte qui va dudict chasteau et seigneurie, de
» l'estang. »

« Plus un droict de four banal audict lieu de Coings et lequel four
» autrefois estoit construict près le nouveau semetière, et de présent est
» vacant. »

« Plus a ledict sieur et luy appartient à cause de sa seigneurie de
» Coings la sixiesme partye de dixmes de Bledz, légumes, lins, chanvres
» et vins, et prennent, lèvent et recueillent en ladicte paroisse et dix-
» merie de Coings et se partage ladicte dixme avec le prieur clostral de
» l'abbaye de Déolz, le maistre de l'œuvre en ladicte abbaye, et le viquaire
» du Crucifix, fondé en l'église de Saint André de Châteauroux. »

« Plus ledict sieur trouve qu'il a droict à la huictiesme partye des
» laynages (1) et des charnages (2) qui se lèvent dans ladicte paroisse. »

« Plus a ledict sieur plusieurs hommes serfz taillables à vollonté une
» fois l'an et mortaillables à la mort, et entre aultres Jehan Prudhomme
» qui luy doibt cinq solz de rente par chascun an à cause de ses héritages
» assiz au bourg de Coings. »

« Plus a droict sur les héritages dudict Prudhomme dix boisseaux
» froment, six rez avoine et une geline (3). »

« Plus Estienne Saget de la Saulois, paroisse de Sainct Maur, est
» homme serf taillable à volonté et mortaillable à la mort. »

« Item Jean Villaume de ladicte paroisse et village. »

« Item Jehanne Sauget et les enfens de Brisse Sauget habitans du
» village de Sainct Cirant, paroisse de Sainct Maur. »

« Item David Dugouté, nepveu dudict David. »

« Plus a ledict sieur de Coings douze solz, six deniers de rente et cens
» par chascun an et chascune feste Sainct Michel sur la mestairie de la
» Gravette, appartenances et dépendances. »

« Plus luy est deub, ung septier froment, une douzaine avoine,
» mesure de Déolz et une poulle de rente et cens à chascune feste Sainct
» Michel par Berthommier Pasquier au lieu de feu Thomas Chouat de
» Fleurendry et autres, des terres de Fleurendry. »

« Plus est deub, six boisseaux froment, six boisseaux seigle et six
» rez avoine de rente et cens sur l'héritage qui a aultrefois appartenu à
» Mair Feuillet de Montierchaume. »

» Plus six boisseaux froment et une poulle de rente et cens deubz, à
» ladicte seigneurie, sur l'héritage de la Colleterie, paroisse de Sainct
» Maur, et mestairie de Montz en ladicte paroisse, appartenant au sieur
» de la Javoye, à cause de feu Claude Bourin, son père. »

« Plus trois pintes d'huille et seize solz, six deniers en argent de rente
» et cens, deubz par la vefve et héritiers de feu Jehan Legier et *(un blanc)*
» Macquin de fondz, à cause des maisons, vignes et terres scizes aux
» faulbourgs de la porte neufve de ceste ville et qu'ils détiennent au lieu
» de feu *(un blanc)*.

« Plus est deub en ladicte seigneurie à chascune feste sainct Michel
» cinquante solz de rente et cens sur une maison et héritages sciz au vil-
» lage de la Presle, paroisse de Coings, détempté par Laurent Lhom-
» meau. »

« Plus est deub à chascune feste sainct Michel cinq solz de rente et
» cens sur une maison scize en ceste ville de Châteauroux, faulxbourg de
» la porte St Gildas, appartenant à Jehan Cossay, à cause de sa femme
» et aux poirons. » (sic).

« Plus est deub trois livres, dix solz et une poulle de rente et cens par
» Pierre Perreau de Déolz, à cause des maisons qu'il détient, près la bou-
» cherie de Déolz. »

« Plus est deub audict sieur six livres de rentes par la vefve et héritiers

____

(1) Laynage : dîme sur les laines.
(2) Charnage : dîme sur les moutons.
(3) Geline : poule.

» de feu Jehan Baucheron de Déolz à cause de la maison qu'il détient,
» sciz en la rue de la chaussée. »

« Ces droicts, cens, rentes, hommes et femmes serfz, le seigneur recon-
» gnoist confesse et advoue les tenir avec sa dicte terre et seigneurie. »

(Archives nationales, P. 792¹).

La métairie.

A cette même date, c'est-à-dire en l'année 1613, la métairie qui dépendait du fief de Coings, en plus des divers corps de bâtiments, cours et jardins joignant le château seigneurial, comprenait d'après la note suivante :

« Deux cens septiers de terres labourables. »

« Un bois contenant quelques six arpens, joignant la garenne de la
» seigneurie, laquelle contient au moings huit arpents de bois et en icelle
» garenne et bois sont plusieurs tielz, clappiers et sont ladicte garenne
» et bois renfermez à l'entour de fossez. »

« Un estang, lequel de présent est en pré, contenant au moings qua-
» rante arpens. »

« Plus un jardin renfermé de fossez appelé vulgairement le Grand jar-
» din et qui de présent est en pré. »

« Item ung héritage appellé Chasteau-Gaillard et ung héritage appelé
» la Midionnerie concistant en maisons, terres et prez. »

« Plus quelque soixante ou quatre-vingtz arpens de prez estans en
» plusieurs piéces en ladicte rivière de Coings, oultre les gangnages ap-
» partenans à ladicte seigneurie et qui sont proche les Marais. (Il s'y
» cueille cinquante chartées de foin par an.)» (Note marginale).

« Et divers héritages sciz aux villages de Charcheriouy, Montierchaume
» et Serée. » (Archives nationales, P. 792 ¹).

Vers la fin du XVIIIe siècle, « le lieu de Montbrault » avec ses dépendances et une locature « scize au grand champ grand » se joignaient à ladite métairie. Messire Claude François Leblanc, écuyer, seigneur de Coings, à l'époque, la louait au sieur Vincent Darnault marchand fermier moyennant 1150 livres. Celui-ci payait en outre : « 4 poulles, 6 chapons, 4 oyes, 4 canards, 5 paires de poulais, chascun an le jour de Saint-Michel, et un gasteau de 25 sols à chascun jour des Royes. » (Arch. départ. E. 538.)

Enfin, cette métairie est aujourd'hui représentée par le domaine et le moulin de Coings, le domaine de Montbrault et le domaine de la Grange des dîmes. Ces trois domaines, avec les dépendances du moulin forment une étendue de terres de

450 hectares, en chiffres ronds et composent toute la propriété dépendante du château.

LE FIEF DE SAINT-PIERRE DE NOTZ.

Le fief de Saint-Pierre de Notz, si l'on s'en rapporte aux peu nombreux documents qui le concernent, était moins important que le fief de Coings, et l'on peut même ajouter, sans s'écarter trop de la vérité, qu'il date d'une époque beaucoup moins reculée. S'il en était autrement, il resterait encore aujourd'hui sinon des écrits, tout au moins quelques vestiges s'y rapportant.

Le document le plus ancien concernant le dit fief ne date que de 1525 et il signale Mre *Antoine* DE VAUX, époux de Anne *de Nieul*, comme seigneur de Saint-Pierre de Notz. (Archives. départ. A. 2.)

Ensuite, on voit qu'il appartint, en 1662, à MADAME DE NOTZ, puis au XVIIIe siècle, à dame *Suzanne Charlotte* DE NOTZ, à dame Marquise DE VASSÉ, au DUCHÉ DE CHATEAUROUX, et en 1785 au COMTE D'ARTOIS.

La métairie qui dépendait du fief était, à cette époque, la plus importante de la paroisse de Notz ; le Comte la sous-louait moyennant 2000 livres et 6 dindes (Arch. dép. E. 540.) Elle se répartissait de la manière suivante :

« La métairie de Saint-Pierre de Notz, en ladite paroisse, consiste en
» maison de demeure, écurie, grange, toit..., le tout en trois corps de
» logis couvert à thuille et bardaux, au milieu desquels bâtiments est
» une grande cour, un jardin d'environ une boisselée, renfermé de fossés
» et de fagots, derrière la bergerie dudit lieu.

» De laquelle métairie dépendent les héritages qui suit :

» 1° Une pièce de terre appellée à Gruet, contenant 14 septrées ou
» environ, qui jouxte les Vallées de l'Ormeau-Morin, tirant du côté de
» Fleurandrie.

» Plus une pièce de terre appellée le Moutaguat, contenant 20 septrées
» qui jouxte par un bout le chemin de Saint-Pierre de Notz à Ar-
» dentes.

» Plus une pièce de terre contenant 5 setrées qui jouxte la susdite terre
» de Moutaguat.

» Plus une autre terre contenant 3 setrées, tant en terres labourables
» que broussaille, appellée la Grande. Finot, qui jouxte le chemin venant
» des Pruneaux au chemin de Chauroux (Châteauroux).

» Plus 7 septrées de terre ou environ qui jouxtent le chemin de Chau-
» roux aux Villerays.

» Plus 4 setrées de terre ou environ appellée le Trébuchet, qui jouxtent
» le susdit chemin de Chauroux aux Villerays.

» Plus 30 boisselées aussy appellées les Truchets qui jouxtent les Bois
» de l'Abbé.

» Plus 8 septrées de terre appellée la Coudrière.

» Plus un bois contenant environ 5 arpents en taille, appellée
» Coudrière.

» Plus 2 septrées de terre appellée terre de la Verre.

» Plus 18 boisselées de terre appellée les Petits Pruneaux.

» Plus 1 septrée de terre scituée à Chercheriot.

» Plus 3 septrées de terre scituée à la Verre.

» Plus 2 septrées de terre scituée à la Croix de Chercherioux.

» Plus 20 septrées de terre scituée derrière la Garenne de la Croix de
» Chercheriot.

» Plus 15 boisselées de terre scituée derrière la Garenne de la croix
» dudit lieu.

» Plus 15 boisselées de terre appellée les Riollons.

» Plus 5 septrées de terre appellée le Pré de la Cure.

» Plus 2 setrées de terre appellée les Verdelles.

» Plus 8 setrées de terre appellée la pièce de Chantereine.

» Plus 5 septrées de terre appelée le Château.

» Plus 18 septrées de terre appellée l'Epine.

» Plus 20 septrées de terre appellée la pièce du Mardelot.

» Plus 5 septrées de terre appellée les Guillons.

» Plus 15 septrées de terre appellée l'Ardillière.

» Plus 3 septrées de terre appellée la longue Réolle.

» Plus 24 septrées de terre appellée les Gabloux.

» Plus 3 septrées de terre appellée les Fumerolles.

» Plus 20 septrées de terre appellée la Petite Fuier.

» Plus 3 setrées de terre scituée près des terres de la cure.

» Plus 30 boisselées de terre appelée terres de la Chavillonnière.

» Plus 5 septrées de terre appellée terres de la Minée.

» Plus 1 arpent édemy de pré en la prairie de fond-puy.

» Plus 1 arpent édemy de pré scitué au Tourelier.

» Plus onze andains de pré en ladite prairie.

» Plus une pièce de pré de 6 journaux appellée pré de la Vardelle.

» Plus une pièce de pré de 2 journaux scitué proche Chantereine.

» Plus 6 journaux de pré scitué proche dudit moulin.

» Ladite métaire de Saint-Pierre de Notz paye dixme, lainage et char-
» mage. »

(Archives départementales, série en supplément.)

Cette métairie n'a pas acquis aujourd'hui beaucoup d'importance au point de vue de l'étendue ; elle est restée ce qu'elle
était au XVIIIe siècle, à quelque chose près.

Quant au château, il fut presque entièrement reconstruit

vers 1860 et de l'ancienne demeure seigneuriale, il ne reste plus aucune trace.

En ce dernier siècle il a appartenu successivement à :

MM. *Pierre Jean* VÉRAS DE LA BASTIÈRE, en 1815.
FALCHÉRO-CLAVEAU, en 1835.
TOLLAIRE DESGOUTTES *Germain Lovis*, en 1856.
TOLLAIRE DESGOUTTES *Emmanuel J-B.*, en 1892.

CHATEAU DE SAINT-PIERRE DE NOTZ.

Aujourd'hui, madame TOLLAIRE DESGOUTTES, veuve de ce dernier, en est la propriétaire.

AUTRES FIEFS

Viennent ensuite les fiefs de Chantrenne, de Céré, de Villecourte et de La Presle.

Je retrouve plusieurs documents concernant le *fief de Chantrenne* et plus spécialement les seigneurs qui l'ont habité : mais je me contenterai de noter les principaux, ceux qui me paraissent les plus intéressants :

« Du 10 juillet 1604. Hommage rendu au seigneur de Châteauroux par
» Mre *Jean* CRUBLIER, marchand demeurant à Châteaufort, paroisse
» d'Etrechet, pour une tierce de la seigneurie de Chantereyne, scize en
» la paroisse de Nau. Acte en papier. Signé Quauron, notaire, Cotté n° 2. »

« Du 22 février 1613. Vente faite par *Denis* GARNIER et sa femme à
» *Jean* CRUBLIER Eleu à Châteauroux, de la tierce partie du fief de Chan-
» tereyne et à la charge de faire le foy et hommage à Châteauroux ou au
» seigneur de Neuvy-Pailloux. Acte en papier. Signé des parties et de
» Ferrand, notaire, présent témoin, Cotté n° 14. »

« Du 13 novembre 1613. Dénombrement fourny à S. A. S. Mgr Henri
» de Bourbon, à cause de son marquisat de Châteauroux, par *Jean* DES-
» HAYE, bourgeois d'Issoudun, pour raison de deux tiercés parties du
» fief et métairie de Chantereyne, scize en la paroisse de Nau. Acte en
» parchemin. Signé : Cousturet, notaire, Cotté n° 3. »

« Du 26 juillet 1689. Hommage rendu à S. A. S. Mgr. le Prince par
» Mᵉ *Nicolas* DESHAYES, pour raison du fief de Chantereyne assis en
» la paroisse de Nau, à luy avenu par la succession de son père. Acte en
» parchemin. Signé : Mallard, greffier. Cotté n° 7. »

(Archives départ., *armoire 7ᵉ, chapitre 134).*

Les armes des Deshayes ou Dehais de Chantereyne étaient
*d'azur à une haye d'or sur une terrasse de même et un
chef ondé et abaissé d'argent, chargé de trois grenouilles
de sinople.*

(*Armorial du Berry*, n° 135, page 213.)

Sur les autres fiefs, je n'ai pu recueillir malheureusement
que des indications vagues ne donnant aucun détail intéressant.
Commme seigneurs il y eut à *Ceré :*

Antoine VIGNER en 1657.
David VIGNER en 1693.

à *Villecourte.*

François DUVAL en 1583.
Jacques DUTEIL en 1665.

Quant au fief de *La Presle*, il était encore habité au XVIIIᵉ
siècle; mais avec les documents mis à ma disposition, je n'ai pu
en retrouver les propriétaires.

En ces lieux, les anciens châteaux seigneuriaux ne sont
plus représentés. A Chantrenne, comme vestige, il ne reste
plus qu'une vieille tourelle ; à Ceré, on ne remarque plus que
des fossés de fortification sur un côté du parc et quelques
pans de vieux murs, près de la maison d'habitation servant
aujourd'hui de pied à terre. Enfin à Villecourte et à La
Presle, tout à complètement disparu, rien ne rappelle plus
ces antiques demeures.

Histoire religieuse.

L'histoire religieuse est particulièrement délicate à faire, et comme je tiens à conserver, jusqu'au bout de cette notice, le ton de l'impartialité, je n'aborderai cette question que superficiellement, en reproduisant seulement in extenso et sans commentaire, quelques passages puisés, ou dans les anciens registres des délibérations du Conseil municipal, ou dans certains documents anciens déposés aux archives départementales.

Voici donc les extraits que je puis faire concernant la religion et plus spécialement le clergé.

(Registre des délibérations, an 12, folio 2.)

« Le Conseil, considérant que jusqu'à présent le desservant de cette
» commune n'a subsisté que de la libéralité des habitants et qu'il est hu-
» miliant et pénible pour lui d'être obligé d'implorer continuellement l'as-
» sistance des âmes généreuses de son canton,
   » Vote au desservant des trois communes réunies (Coings, Notz et
. » Villers) la somme de 900 francs. »

(Registre des délibérations, 1806, folio 15.)

« Le Conseil, considérant que le Casuel de la commune est presque nul
» en raison de la grande détresse de la majorité des habitants, vote au
» desservant un supplément de traitement de 400 francs, pour lui per-
» mettre de remplir avec décence et dignité les honorables fonctions de
» son ministère. »

Il vote également 364 francs pour achat de vases et ornements d'église.

(Registre des délibérations, 1824, folio. 46.)

« Le maire dit : Vous avez voté en 1824 et en 1823 des fonds pour sup-
» plément de revenu à la fabrique. Ces fonds n'ayant pu être déposés en-
» tre les mains de cet établissement, parce qu'il n'est pas encore formé,
» faute de desservant qu'on ne nous a pas encore accordé, malgré mes
» prières et mes supplications réitérées auprès de Mgr l'archevêque de
» Bourges, n'ont point pour cela été détournés de leur destination, ils ont
» été employés à la construction de la clôture de la place publique, des
» bancs du chœur de l'église, et à l'achat d'un confessionnal. Ces diffé-
» rentes dépenses, toutes approuvées par vous, ont absorbé au delà ces
» crédits et la commune est encore débitrice envers le menuisier qui a
» fait le confessionnal d'une somme de 89 francs.
   » Une autre dépense, non moins nécessaire, pour compléter l'embellis-

» sement de l'église, est la dorure du tabernacle, qui, comme vous le sa-
» vez, n'est pas même peint.

» Vous penserez comme moi qu'un objet aussi sacré ne peut être trop
» orné pour inspirer aux fidèles la vénération qu'ils lui doivent.

» D'un autre côté, si Monseigneur nous accorde enfin le prêtre qu'il m'a
» promis, il sera indispensable de faire l'acquisition de linge et autre mo-
» bilier nécessaire au saint sacrifice de la messe et aux autres cérémonies
» religieuses. »

Une somme de 550 francs est votée à cet effet.

(Registre des délibérations, 1826, folio 51.)

« Monsieur le maire ayant ouvert la séance dit :

» Nos vœux sont enfin exaucés : Mgr l'archevêque de Bourges a
» daigné nous accorder un pasteur. Ainsi les nombreux sacrifices que
» nous nous sommes imposés ne seront point perdus. Mr le Desservant
» de Villegongis, nommé pour desservir notre succursale, viendra s'ins-
» taller dans le presbytère de cette commune sous peu de jours. »

On vote ensuite une somme de 736 francs pour réparer
le presbytère.

Registre des délibérations, 1856, folio 69.)

« Plusieurs membres du Conseil municipal mettant en avant divers
» griefs qu'ils reprochent au Desservant, comme étant des causes de
» mécontentement de la part des habitants de la commune, émettent
» l'avis que le supplément de traitement de 200 francs alloué annuelle-
» ment à cet ecclésiastique ne lui soit point continué ; d'autant plus,
» qu'à leurs yeux, sa position aisée ne le lui rend pas nécessaire.

» D'autres membres combattent cette opinion en disant que ce
» supplément, en passant en partie probablement chez les pauvres en
» charités, est un moyen de faire respecter le ministre de la religion ;
» que cette suppression aurait un effet moral fâcheux pour l'habit qu'il
» porte, que, du reste, il semblerait plus convenable qu'il lui fût fait des
» observations dont on devrait attendre le résultat, avant de recourir à
» une mesure qui prendrait la forme d'une sorte de punition. »

A la suite de la discussion, le Conseil, étant allé aux
voix, décide que le supplément de traitement ne sera pas
maintenu.

Ce supplément de traitement fut voté à nouveau en 1858
et définitivement supprimé en 1883.

Ajoutons que, depuis la loi de séparation de l'Eglise et
de l'Etat du 9 décembre 1905, les curés ne sont plus rétribués par le Gouvernement et que, par suite, la commune
a acquis les biens de la fabrique.

LISTE DES CURÉS

Paroisse de Notz.		*Paroisse de Coings.*	
J. Lavrenesque..............	1669	Botrel Louis................	1687
Turquie....................	1710	Duglougvenet;.............	1696
Dubreilh...................	1714	Bourguignon...............	1721
Bonneau-Duboulais.........	1737	Mirepied..................	1723
Chollet....................	1754	Bourdesol.................	1725
Guényer...................	1761	Messire Robert roy de Montrot.................	1739
		Renault...................	1750
		Morand...................	1758

Paroisse de Coings.

Jouannet Antoine,,jusqu'en		1829
Baudoin Paschal, nommé en		1831
Charel Gaspard Claude	—	1854
Paupelain Désiré	—	1860
Maréchal Augustin	—	1863
Lissot Louis J.-B.	—	1867
Goiffon Ernest	—	1873
Gaudron Fernand	—	1874
Légeret Abel	—	1876
Babou Louis	—	1887
Pasquier	—	1899
Thénot Henri	—	1908
Berloquin Alexandre	—	fin 1912

Les curés, en plus du traitement que leur allouait l'Etat ou la commune, en plus des libéralités de leurs paroissiens, se faisaient encore, avant la Révolution, de gros revenus par les Dîmes.

Ils prélevaient une certaine partie, généralement le dixième, sur tous les produits des terres, blés, avoines, vins, légumes... etc... et même sur les productions animales. Le lainage était une dîme sur les laines, le charnage une dîme sur les moutons.

La dîme de blé était ici la plus importante. Voici d'ailleurs sur quelle étendue de territoire et dans quelles conditions elle était, au XVIIIᵉ siècle, levée à Notz et à Coings.

Dîme de Saint-Pierre-de-Notz.

« La dixme de Saint-Pierre de Notz, à sa Majesté appartenant, à » cause de sa seigneurie de Déols, qui consiste dans la dixme de bled » et lainage en ladite paroisse.

» Ladite dixme de bled commence au croisier du grand chemin d'Is-
» soudun planté dans les terres à Papajou et dudit croisier en droite
» ligne à un rocher qui est dans la terre à Eutrope Andoux, à présent
» à Silvain Richard, autrement appellé la terre des Bures, et dudit Bures
» sur le fourneau en droite ligne du Moulin de Chantrenne, autrement
» Moulin Balot, et dudit fourneau, tout le long du Marais jusqu'au
» portail de la cour du Moulin Perrin, et dudit portail, en droite ligne, à
» la Mardelle Thiennette, et de ladite Mardelle, le long d'une levée de
» terre, en droite ligne, jusqu'à la Grande l'Epinière, le long du chemin
» qui va de Clanay à Montierchaume, et dudit chemin au coin du Bois
» Boucher, en droite ligne le plus près du village, et dudit bois, en
» droite ligne à la vallée du pré Guérin, et de là, en droite ligne, au bois
» Roué, et dudit bois Roué, en droite ligne, au grand chemin d'Issoudun
» à Châteauroux, suivant le chemin jusqu'au croisier de la terre à Papajou.
» Et que de ladite dixme de bled, il en appartient à sa Majesté un quart,
» dans la métairie de Chercherioux et le Moulin Perrin, le sieur curé un
» quart, et la dame Périsse ou ses héritiers moitié, moitié dans le reste
» de la paroisse et le sieur curé l'autre moitié. Et le lainage consiste
» et se lève moitié à Chantrenne, le sieur curé l'autre, dans les grands et
» petits Cerés, la Place, le Bourg, et le Moulin Perrin moitié et l'autre au
» sieur curé de Notz, au village de Chercherioux un quart ; les trois au-
» tres quarts au sieur curé, et à ladite veuve Huguet qui a moitié au
» total. »

(Archives départementales, série en supplément.)

DÎME DE COINGS.

» La dixme de bled de la paroisse de Coings, dans laquelle dixme
» le sieur Delassée prend un sixième, le vicaire du Crucifix un sixième,
» sur lesquels sixièmes ont accoutumés payer trois septiers froment,
» trois septiers marsèche, six douzaines d'avoine, au sieur curé de
» Coings, les autres sixièmes appartenant à sa Majesté à cause de
» Déols, chargées de payer à la vicairie de Notre-Dame d'Argenton
» quarante boisseaux froment, quatre-vingts boisseaux marsèche, et a
» ledit curé de Coings, dix-huit boisseaux froment, dix-huit boisseaux
» marsèche, et trente-six boisseaux avoine, le tout mesure de Déols.
» Lesdites dixmes, sur les contestations survenues avec le sieur Delas-
» sée, le prieur du Crucifix, et le sieur curé de Coings, les dixmeurs de
» sa Majesté ont été condamnés à payer par provision au dit sieur curé,
» trente-six boisseaux froment, trente-six boisseaux marsèche, et soi-
» xante-douze boisseaux avoine, à la décharge des sieurs Delassée et
» prieur du Crucifix.
» Ladite dixme se lève et commence au chemin de Déols, pour aller
» aux grandes et petites Bordes, de là au chemin de Brion, tirant à un
» chemin qui va de la Bassie de la métairie de la Presle à la fontaine de
» la Muleterie, tirant au fourneau de la maison du Moulin Perrin, puis le
» Marais d'entre Notz et Coings, revient à Montbrault le long dudit
» Marais, et vient se rendre au chemin des Petits Villemartins à la Petite
» Borde et audit chemin de Déols. »

(Archives départementales, série en supplément.)

Le seigneur, prélevant une partie des dîmes, devait, par compensation, faire entretenir à ses frais le chœur de l'église ; l'entretien de la nef restait à la charge des autres habitants de la paroisse.

De plus, si quelques paroissiens participaient d'une manière quelconque au revenu du « gros de la cure », de nouvelles obligations leur revenaient encore, au profit du curé.

Nous lisons à ce sujet :

« Personnellemant estably, Mre Louis Botrel, prestre, prieur curé de
» Coings y demeurant, Ethienne Bourdichon, Pierre Morin, Toussaint
» Guérin, Maria Tixier, François Leblanc, François Giraudon, Louis
» Gardivaux, habittans de la paroisse de Coings, y demeurant. Lesquels
» et chacuns d'eux sollidairement au bénéfice de division, ordre de droit
» et discussion de biens, certains, ont recognus que François Salommé
» Lassée, seigneur de Coings, conseiller, secrétaire de S. A. S. Monsei-
» gneur le Prince, a achepté pour lesdits habittans et payé de ses
» deniers :
» Un lict jaune de serge, son ciel garny de grande frange de soie.
» Une courte-pointe de même coulleur.
» Un lit de plume, une paillasse, un travers, un bois de lict neuf, six
» chez et garny de tapissery, une table, une paire de chenèts, moyennant
» la somme de cent-dix livres, que lesdits habittans sont obligés de met-
» tre en lad. cure afin que ledit sieur curé s'en serve. Lesquels ont promis
» et comme dessus aud. sieur Lassée luy en faire tenir compte envers et
» contre tous sur ce qu'il a peu jouir du revenu du gros de lad. cure.
» Et y celuy sieur prieur a recognu que les habittans luy ont my entre
» les mains lesdits meubles, car, ainsy, promettant, obligés.
» Reçu faist, passé à Chauroux, en l'estude du notaire soussigné,
» après midy, le neuf janvier, mil six cent quatre-vingt-sept.
» Présents Pierre Riant et Esmes Guillard, clercs, demeurant aud.
» Chauroux.
» Et témoins, de ce anqui, ont dit ne savoir signer, sauf les sous-
» signés.
» Signé : *Botrel,* prieur de Coings, *Lassée, Riant, Guillard, Basset,*
» notaire. »

(Archives départementales, minutes Basset.)

Les religieux de l'Abbaye de Déols et de l'Abbaye de Saint-Gildas avaient également, disent les historiens, « de gros et amples revenus » dans la contrée. Ils prélevaient non seulement une large part de toutes les dîmes, ainsi qu'il a été dit déjà, mais encore ils étendaient leurs droits seigneuriaux sur bon nombre de métairies ou héritages des paroisses de Notz et de Coings.

Les terres dites « terres de l'Abbaye », situées en la paroisse de Notz et sur une petite étendue de la paroisse de Montierchaume, étaient de plus, vers la fin du XVIIe siècle, leur propriété exclusive.

Elles se répartissaient ainsi qu'il suit :

« 1° Dix-huit boissellées de terres appellées les Noirattes, qui jouxtent
» le chemin qui va de Fleuranderie à Moulin Balot (moulin de Chan-
» trenne) ;

» Plus cinq setrées de terre appellée le champ Paillart, qui jouxte le
» chemin de Déols au Vilray.

» Plus quatre setrées de terre appellée la Fosse aux Rats, qui jouxte le
» chemin du Moulin Balot à Fleurandrie.

» Plus quatre boissellées de chenevière scituées à La Place.

» Plus dix-huit boissellées de terres scituées proche Chantereine qui
» jouxtent le chemin de Chauroux au Moulin Perrin.

» Plus deux setrées de terre, appellée la terre des Ferrières, qui jouxte
» la terre du sieur Defleurandrie.

» Plus trois setrées de terres appellées la terre de l'Epine brûlée qui
» jouxte le chemin de Fleurandrie au Moulin Balot.

» Plus une chenevière proche le Marais de Chantereine et les pâturaux
» de Coings.

» Plus trente setrées de terres scituées en la paroisse de Montierchaume
» qui jouxtent le chemin de Déols à Issoudun et les terres des Vallées qui
» sont entre les terres du Verger.

» Plus une pièce de terre contenant vingt-quatre setrées qui jouxte le
» chemin qui va de Cornaçay à Cerés.

» Plus huit septrées de terre ou environ scituées en la paroisse de Mon-
» tierchaume, appellées les terres de l'abbaye.

» Plus trois septrées ou environ de terre qui jouxtent les terres des
» Finaux.

» Plus un buisson contenant cinq arpents appellé terre Ravaux qui
» jouxte les terres de la métairie de Saint-Pierre de Notz.

» Plus un quartier de pré appellé le pré de la Traîne, qui jouxte le ruis-
» seau qui fait aller le moulin de Chantereine.

» Plus un autre quartier de pré appellé pré de l'Abbaye.

» Plus une pièce de terre proche le village de Beaumont contenant
» quinz boissellées et un petit bois contenant trois quartiers qui jouxte
» au midy le chemin de Déols à Nieul. »

(Archives départementales, série en supplément.)

En la paroisse de Coings, à la même époque, c'est-à-dire au XVIIIe siècle, l'abbaye de Saint-Nicolas de Miseray, située en la châtellenie de Buzançais, possédait également la métairie du *Consain*.

Cette métairie était la plus importante de la région, après

celle de Coings. La note suivante en fait connaître d'ailleurs toute l'étendue.

« La métairie du Conssin avec ses aysances, appartenances et dépen-
» dances, scituées dans la paroisse de Coings, en champagne, consiste
» dans une chapelle, maisons, étables, vacherie, grange, bergerie, cour,
» dans laquelle il y a deux puits, jardins et chenevière ; le tout contenant
» un arpent, soixante chesnées.

» Plus 60 chesnées de buisson (1), joignant au Carroy de laditte métai-
» rie.

» Plus 40 chesnées de buissons et pacage joignant le cimetière et la
» pièce de terre appellée la pièce du cimetière.

» Plus 3 arpents, 6 chesnées de buissons et pâturaux, appellés le buisson
» du Conssin.

» Plus le grand buisson contenant 3 arpents, 2 chesnées, joignant le
» chemin appellé, Brêche à Girard.

» Plus 1 arpent, 92 chesnées de buisson, compris un tiers arpent de pré,
» joignant le buisson de l'étang et le buisson du chesne.

» Plus 55 arpents de terres assis au lieu appellé le champ de la Croix,
» joignant les terres de la métairie de la Gourgassière, les terres de la
» métairie de Coings et le chemin de Brion au Bourdieux.

» Plus 23 arpents, 8 chesnées et demy assis au lieu appellé la pièce de
» l'Aubigron, joignant les terres de la Mittelrie et de la Chapelle.

» Plus 3 arpents de terre joignant le chemin de Brion au Bourdieux, les
» terres de la Presle et les terres de la Burelle.

» Plus 4 arpents, 21 chesnées édemy de terre assis en la paroisse de
» Brion, près de la métairie de la Bouillie.

» Plus 13 arpents, 28 chesnées de terres assises en la pièce l'éguillière
» près Coings.

» Plus une pièce de terre appellée les sept monées, contenant 113 arpents
» de terres labourables, joignant le chemin de la métairie de la Bouillie
» à Châteauroux.

» Plus 19 arpents de terre assise au lieu appellé la pièce de Lance.

» Plus 3 arpents, 4 chesnées de pré assis au lieu appellé la Prègne, joi-
» gnant le pré de Coursenay.

» Plus 3 arpents de prés assis auprès de la Rue.

» Plus 1 arpent 64 chesnées un tiers de pré assis au lieu appellé le pré
» de la Gaudelle.

» Plus 90 chesnées de prés assis au pré de la Herse, joignant les prés
» de la Presle et la courance de l'eau.

» Plus 6 arpents 36 chesnées de pré assis au pré de la Noratte.

» Plus 10 arpents, 52 chesnées de prés assis au pré de Laisne.

» Plus 3 arpents de pré assis au pré Labbé, partageant par moitié à la
» fourche et au râteau avec le seigneur de la métairie de la Presle.

» Plus 1 arpent, 90 chesnées de prés sciz sur la rivière d'Indre près
» Nierne, à quatre lieues du Conssin.

» Le total de la métairie du Conssin compris le chezal et aysances des

(1) Buisson : terre inculte.

» bâtiments, contient 8 arpents, 8 chesnées de buissons, 233 arpents de
» terres labourables et 29 arpents, 53 chesnées de prés ; ce qui revient à
» la manière de compter du pays, à 64 boissellées de terre ou 5 septrées
» et demie en buissons, 1064 boissellées ou 88 septrées de terres laboura-
» bles et 29 arpents et demy en prés. »

(Archives départementales, H. 328.)

*
* *

Chapelle et cimetière du Consain.

De la chapelle et du cimetière du Consain, qui existaient autrefois, comme on vient de le voir, il ne reste plus aujourd'hui la moindre trace. Mais je crois qu'avec les indications données précédemment et quelque peu de flair, il serait possible d'en retrouver l'emplacement exact.

La chapelle et le cimetière du Consain étaient spécialement réservés aux habitants de l'endroit ; c'était un petit privilège que les religieux de Miseray accordaient à leurs fermiers et serviteurs.

Plus tard, quand cette chapelle et ce cimetière furent supprimés, ces mêmes habitants eurent encore des faveurs en l'église de Coings. Ils y avaient des places choisies leur temps vivant et y étaient inhumés, à leur mort, à côté des personnes les plus notables de la paroisse.

Je retrouve à ce sujet un acte qui en fait foi et dont voici la teneur :

« Le premier septembre (1709) a esté inhumé, dans l'église de Coings,
» dans les ancêtres du Consin, Etienne Bourdichon, âgé de quatre-vingt-
» cinq ans, fermier emphytéotique de M. l'abbé de Miséré, comme
» ayant droit de sépulture dans cette église, de tout temps ayant fait les
» cérémonies ; les paroissiens l'ont inhumé, ce que je certifie à qui il ap-
» partiendra, et luy ay administré tous les sacrements.

«Signé : Duglougvenet, prieur de Coings ».

(Registres de l'état civil.)

ÉGLISE, CIMETIÈRE, PRESBYTÈRE ET GRANGE DES DIMES DE NOTZ.

Il suffit de se reporter au plan de Notz pour voir où se trouvaient exactement l'église et le cimetière de cette commune.

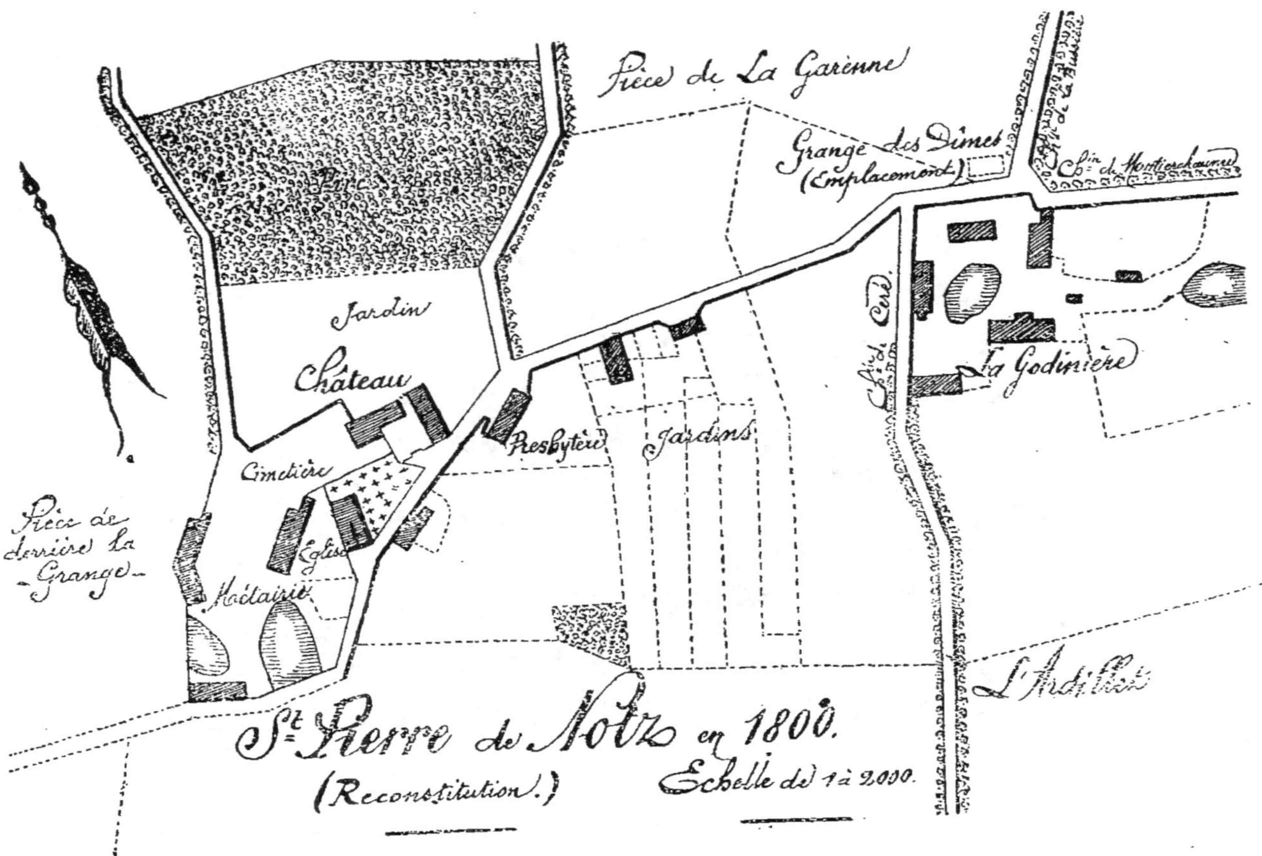
Pièce de La Garenne
Grange des Dîmes
(Emplacement.)
Chin de Montierchaume
La Godinière
Jardin
Château
Sie du Curé
Cimetière
Presbytère
Jardins
Pièce de derrière la Grange
Église
Métairie
L'Ardillès
St Pierre de Notz en 1800.
(Reconstitution.)
Échelle de 1 à 2000.

Comme vestiges de l'église il ne reste plus aujourd'hui que quelques pans de mur, le buste de saint Pierre, de Notz, encastré dans une muraille, une statuette en bois, grossièrement sculptée, représentant la sainte Vierge, dit-on, et quelques moulures dispersées dans la propriété de Mme veuve Tollaire Desgouttes.

Sur l'emplacement du cimetière, en faisant des fouilles, il a été trouvé de magnifiques chapelets en perles, des alliances en cuivre et de nombreuses pièces de monnaies.

Les anciens registres des délibérations du conseil municipal de Coings mentionnent que l'église de Notz s'est écroulée en 1820 et que bien avant cette date, Notz et Coings étaient déjà réunis pour ce qui concerne le culte.

L'emplacement du cimetière et de l'église écroulée fut vendu en 1820 à M. Falchéro, moyennant la somme de 250 francs ; l'acquéreur devait en outre verser 100 francs dans la caisse municipale et laisser extraire, des sablières de Notz, la quantité de sable nécessaire pour la construction de la nouvelle église de Coings. (Archives communales.)

Ajoutons que le presbytère de Notz se trouvait en face du château et la grange des dîmes en face de la ferme de La Godinière. (Voir le plan.)

ÉGLISE, CIMETIÈRE, PRESBYTÈRE ET GRANGE DES DIMES DE COINGS.

L'ancienne église de Coings, ou église Saint-Paul, était située à l'extrémité nord de la Place des Marronniers ; le chœur se trouvait exactement au lieu et place du logement qui servait autrefois de mairie et d'école. (Voir le plan.)

Elle était entourée de larges et profonds fossés dont l'emplacement est encore tout indiqué par les excavations que l'on remarque sur ladite Place des Marronniers. Ces fossés appartenaient au seigneur, mais le curé en avait la jouissance avec le droit de pêche (Archives nationales. P. 792[1].)

L'église actuelle fut construite en 1821 sur un terrain donné à la commune par le sieur Lecapelain, en échange de terres situées aux chênevières et estimées à l'époque 137 francs. (Archives communales.)

En 1864, elle fut agrandie par la construction d'un nouveau chœur et de deux chapelles latérales.

La croix et le coq qui surmontent aujourd'hui le clocher proviennent de l'ancienne église.

La petite cloche en provient également ; elle date de 1737 et porte l'inscription suivante :

« J'ai été bénie par Etienne Bourdesol, curé de Coings.
» J'ai eu pour parrain, M. J. Heurthault, chevalier seigneur de Chan-
» teloup, clerc tonsuré du diocèse de Bourges, prieur commandataire de
» Notre-Dame du Châtelier, ordre de Grammont, chevalier des ordres
» royaux, militaires et hospitaliers de Notre-Dame du Mont-Carmel et de
» Saint-Lazare de Jérusalem.
» Et pour marraine : Dame Rose Luce Lefébre de Varennes, épouse
» de M. Jean-Baptiste de Lassée, seigneur de Coings; qui m'a fait faire à
» ses dépens. »

La grosse cloche fut achetée en 1832 à un sieur Paul Petifoint, fondeur à Breuvannes (Haute-Marne).

Celui-ci prenait une ancienne cloche fêlée de la vieille

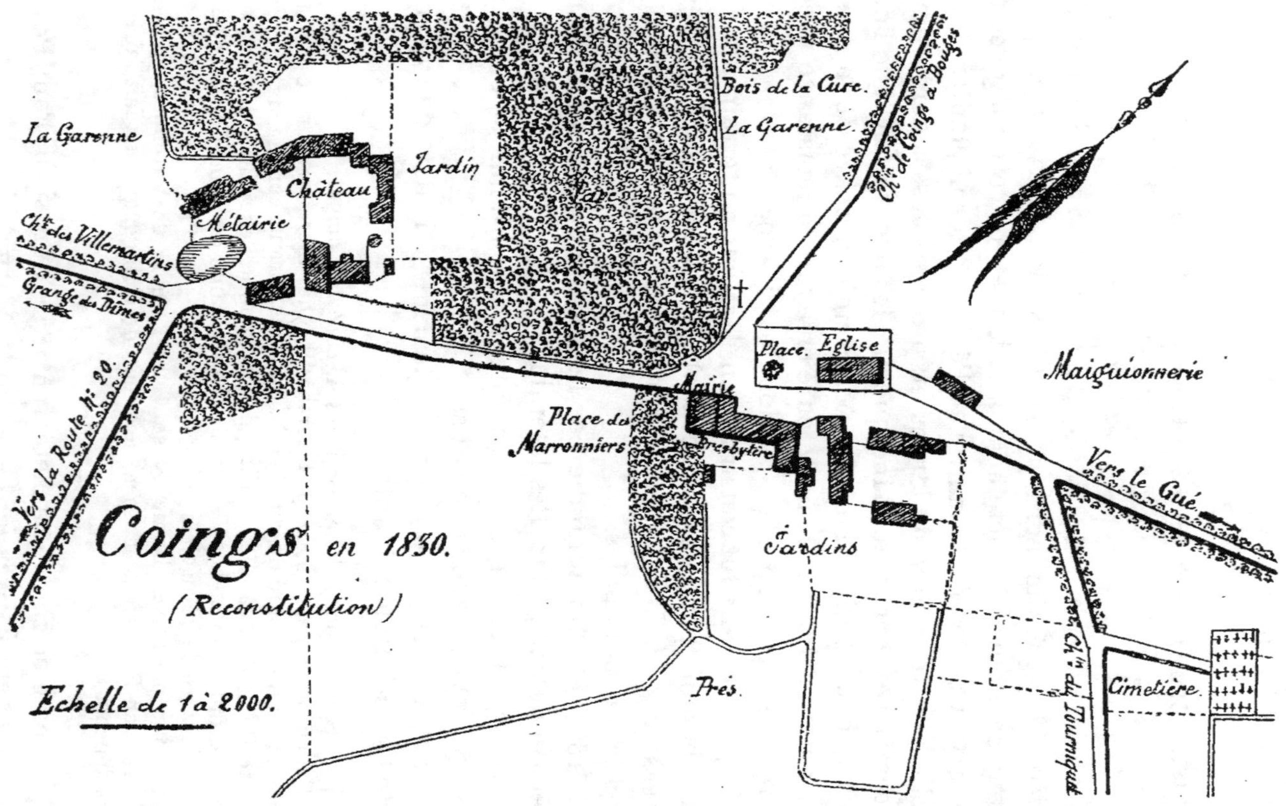

La Garenne
Bois de la Cure.
La Garenne.
Ch.ⁿ de Coings à Bouges
Jardin
Château
Ch.ⁿ des Villemartins
Métairie
Grange aux Dîmes
Place. Eglise
Maiguionnerie
Mairie
Vers la Route N° 90.
Place des Marronniers
Presbytère
Vers le Gué.
Jardins
Coings en 1850.
(Reconstitution)
Prés.
Ch.ⁿ du Tourniquet
Cimetière
Echelle de 1 à 2000.

église à raison de 1 fr. 25 la livre et en fournissait une neuve, pesant six cents, dans laquelle l'ancienne était employée. (Archives communales.)

Cette cloche fut acquise par la fabrique le 1er août 1832, moyennant la somme de 1242 francs et installée aux frais de la commune. (Archives communales.)

Elle porte également, en plus du nom et de l'adresse du fondeur, l'inscription suivante :

« L'an 1832, j'ai été bénie par M. Paschal Baudoin, curé de Coings.
» J'ai eu pour parrain : M. Louis Henry Denis Limondin, et pour
» marraine : Dame Louise Arthemise Falchéro, née Claveau. »

L'architecture de l'église ne présente aucun intérêt historique. Les moulures sont des plus simples et sans ornements. Pour les ouvertures on a imité l'art romain avec l'arc plein cintre.

L'intérieur de l'église se compose de la nef, du chœur, de deux chapelles latérales et de deux sacristies.

Là, de même, peu de choses sont à signaler.

Les seuls vitraux qui soient remarquables représentent les saints patrons de Notz et de Coings, saint Pierre et saint Paul. Ils datent de 1903 et sont signés : E. Balinet, Grenoble.

Puis, une statuette en bois grossièrement peinte, représentant saint Joseph, un vieux chemin de croix, un bâton de saint Vincent, attirent quelque peu l'attention.

Quant aux nombreuses peintures qui ornent la plupart des murs, elles datent de 1902 et sont l'œuvre du curé Pasquier.

Malgré tout, il est juste d'ajouter que, dans son ensemble, l'église de Coings est très coquette et qu'à ce point de vue, elle peut rivaliser avec celle des localités voisines.

Le cimetière primitif était situé près de l'ancienne église et occupait le même espace à peu près que la place de Marronniers aujourd'hui.

En 1810, un arrêté de la Préfecture ordonnait de le transférer hors de l'enceinte du Bourg.

En 1811, un nouvel arrêté autorisait les communes de Notz et de Coings à faire l'acquisition d'un cimetière commun : le sieur Lecapelain, la même année, en fournissait le terrain nécessaire (voir le plan) en échange de deux parcelles de communaux. (Archives communales.)

En 1837, une ordonnance royale prescrivait le transfert de ce nouveau cimetière en un lieu moins humide et autorisait la commune de Coings à échanger, au sieur Lemoine-Lenoir, l'emplacement de ce dernier, contre deux autres parcelles de terrain destinées, l'une à l'agrandissement de la place publique, l'autre à l'établissement du cimetière actuel. (Archives communales.)

Celui-ci enfin fut construit l'année suivante ; puis il fut agrandi en 1885. Depuis cette époque il n'a pas subi de nouvelles transformations.

Aucune sépulture ancienne n'est à signaler, et parmi les plus notables, il y a lieu d'indiquer seulement celle de Jules Robert, ancien maire de Coings.

Le presbytère actuel ne date que de 1887.

L'ancien, avec ses dépendances, occupait à peu près le même emplacement que celui-ci, et appartenait tout d'abord au sieur Lecapelain.

La commune n'en fit l'acquisition qu'en 1819, en échange d'un communal. (Archives communales.)

Enfin, la grange des dîmes était située au lieu qui porte aujourd'hui encore ce même nom, lieu jadis appelé la Maison Neuve de l'Étang.

LES ÉCOLES.

Il y a moins d'un siècle, dans toutes les localités, en général, l'immense majorité de la population était profondément ignorante. Si l'on excepte un petit nombre d'esprits assez distingués ayant reçu une éducation suffisante, le reste de la population se trouvait plongé dans les plus profondes ténèbres.

Les écoles étaient très rares. Parfois il n'y en avait qu'une pour quinze ou vingt villages. Pour se rendre en classe, les enfants avaient souvent un long trajet à parcourir.

L'école se faisait pendant quelques mois d'hiver seulement, dans des pièces basses, sombres, souvent dans des granges où les enfants s'entassaient pêle-mêle, quelques-uns assis sur les rares bancs, les autres debout, adossés aux murs humides, attendant que le Maître, occupé de son autre métier, voulut bien leur consacrer quelques instants et leur faire dire leurs lettres.

Les régents d'école, ainsi appelait-on les instituteurs, étaient obligés, pour gagner de quoi vivre, de cumuler les fonctions de l'église, de l'école, de la mairie, d'être en même temps sacristains, sonneurs de cloches, fossoyeurs ; et parfois ils exerçaient même quelques autres métiers comme celui de savetier, tailleur, cabaretier ou violonneux.

Muni d'une autorisation d'enseigner, délivrée par l'Évêque ou le curé doyen, le régent se présentait devant la communauté, qui lui faisait subir un examen. S'il était agréé, on signait le bail qui déterminait ses engagements. L'engagement n'était qu'annuel ; aussi le régent d'école était-il à la merci des cabales du village, et à la discrétion du curé et de l'Évêque, qui pouvaient toujours lui retirer l'autorisation d'enseigner.

Il était peu instruit et enseignait tout au plus à lire, à écrire et à remplir convenablement les fonctions d'enfant de chœur.

En 1833, les candidats aux fonctions d'instituteurs primaires devaient remplir les conditions suivantes :

1° Être âgés de 18 ans au moins ;

2° Produire un certificat de bonne conduite ;

3° Prouver par le résultat du concours qu'ils savaient lire et écrire correctement, qu'ils possédaient les premières notions de la grammaire et du calcul, et qu'ils avaient enfin une connaissance suffisante de la religion catholique. (Extrait des actes administratifs, 1833.)

La commission chargée de faire subir cet examen aux futurs instituteurs, composée en partie d'ecclésiastiques, était exigeante surtout en matière de religion : savoir lire le latin et connaître son plain-chant était jugé aussi nécessaire que de savoir écrire correctement, par exemple.

En 1853, l'enseignement religieux occupait encore une large place à l'école primaire.

Voici d'ailleurs ce que le règlement scolaire ordonnait à cette époque, à ce sujet.

Règlement pour les écoles publiques de l'Indre.

(Année 1853. *Extrait des actes administratifs,* page 17.)
« Devoirs particuliers de l'instituteur.

ARTICLE PREMIER.

» Le principal devoir de l'instituteur est de donner aux enfants une
» éducation religieuse et de graver profondément dans leurs âmes le
» sentiment de leurs devoirs envers Dieu, envers leurs parents, envers
» les autres hommes et envers eux-mêmes.

ARTICLE 2.

» Il doit instruire par ses exemples comme par ses leçons.
» Il ne se bornera donc pas à recommander et à faire accomplir les de-
» voirs que la religion prescrit, il ne manquera pas de les accomplir lui-
» même.

RELIGION

Article 20.

» Un Christ sera placé dans la classe en vue des élèves.

Article 21.

» Les classes seront toujours précédées et suivies d'une prière : celle
» du matin commencera par la prière du matin, contenue dans le caté-
» chisme du diocèse, et celle de l'après-midi se terminera par la prière du
» soir du même catéchisme. A la fin de la classe du matin, on récitera
» la prière : Sainte mère de Dieu, nous nous mettons sous votre pro-
» tection ; au commencement de la classe du soir, on dira la prière :
» Venez, Esprit saint.

Article 22.

» L'instituteur conduira les enfants aux offices les dimanches et fêtes
» conservées, à la place qui leur aura été assignée par le curé ; il est tenu
» de les y surveiller.

Article 23.

» Toutes les fois que la présence des élèves sera nécessaire à l'église
» pour les catéchismes et principalement à l'époque de la 1re commu-
» nion, l'instituteur devra les y conduire.

Article 24.

» L'instituteur veillera particulièrement à la bonne tenue des élèves
» pendant les prières et exercices de religion et il les portera au recueil-
» lement par son exemple. Il tiendra à ce que chacun de ceux qui sa-
» vent lire ait un livre de prières approuvé par l'évêque diocésain.

Article 25.

» On ne se servira pour l'enseignement religieux que de livres approu-
» vés par l'autorité ecclésiastique.

Article 26.

» L'enseignement religieux comprend la lecture du catéchisme et les
» éléments d'histoire sainte. On y joindra chaque jour une partie de l'é-
» vangile du dimanche, qui sera récité en entier le samedi. Il y aura une
» leçon de catéchisme chaque jour, même pour les enfants qui ont fait
» leur première communion.
» Les leçons d'instruction religieuse seront réglées sur les indications
» du curé de la paroisse.
» Signé : *Le Recteur-Président :* D. Henne. »

Mais laissons ces considérations générales et occupons-nous
spécialement des écoles qui nous intéressent.

J'aurais bien voulu retrouver dans les archives communales
certains écrits concernant les plus anciennes écoles de la com-

mune, mais le registre des délibérations du conseil municipal de Notz, notamment, ayant été égaré, ainsi que les nombreux documents provenant de la mairie de cette commune, cela ne m'a pas été possible.

Les registres de l'état civil de Notz (an II de la République) signalent cependant, en ladite commune, la présence d'une institutrice : une demoiselle Élisabeth-Silvie Guénier. Ils mentionnent également le mariage de celle-ci avec un sieur Delorme, agent municipal à Liniez, et cet agent municipal figure lui-même sur ces registres, peu de temps après son mariage, comme instituteur à Notz. Mais là se bornent les renseignements que j'ai pu recueillir sur ces anciens maîtres.

A Coings, la première école ne s'étant ouverte qu'en 1834, et les registres des municipalités ayant tous été conservés, mes recherches ont été plus faciles à diriger et m'ont donné de meilleurs résultats.

Cette première école fut établie par une délibération du conseil municipal en date du 25 août 1833.

Voici la copie textuelle d'un passage du procès-verbal de cette délibération :

« Article 1er. Il sera établi à Coings une école primaire élémentaire qui
» sera entretenue par la commune seulement.
» Article II. Le traitement fixe de l'instituteur est réglé à.... 500 fr.
» Et les autres dépenses nécessaires pour l'école sont fixées
» ainsi qu'il suit :
» 1° Loyer du bâtiment particulier affermé pour le logement
» de l'instituteur.. 80 fr.
» 2° Frais de premier établissement de l'école............... 50 fr.

                                                          » Total des dépenses...... 630 fr.

» Article III. Il sera pourvu à ces dépenses en 1834.
» Article IV. Le taux de la rétribution mensuelle que l'instituteur de-
» vra recevoir des élèves en plus de son traitement fixe est réglé ainsi
» qu'il suit :
» Par mois et par chaque élève apprenant seulement à lire et à
» écrire.. 0 fr. 75
» Par mois et par chaque élève apprenant à lire, écrire et les éléments
» de la grammaire.. 1 fr. 25
» Article V. Le nombre des élèves qui seront admis gratuitement à
» l'école en 1834 est fixé à vingt.
» La liste, arrêtée par le conseil municipal, en sera ultérieurement re-
» mise, par le maire, à l'instituteur. »

Peu de temps après, le 2 mars 1834, M. Limondin, maire, recevait une demande d'un sieur Guillepin, Joseph, ex-maire de Diors, sollicitant la place d'instituteur à Coings.

Le 15 juin suivant, une autre demande, émanant d'un sieur Joubert Pierre, demeurant à Brion, était adressée au maire, pour le même poste.

Le conseil municipal, considérant le brevet d'instituteur, délivré par la commission d'examen des aspirants aux brevets de capacité dans le département de l'Indre, et le certificat de bonne conduite de ces deux postulants, transmit au Préfet leurs demandes dûment apostillées.

Enfin le 1er juillet 1834, le sieur Joubert, désigné par le préfet, entrait en fonction.

On l'installa plus mal que bien dans un vieux local, situé près de la cure, attenant à la mairie, composé d'une chambre et d'un cabinet, appartenant au sieur Lemoine-Lenoir. (Voir le plan.)

Un peu plus tard, la commune fit l'acquisition de ce local, en échange d'un communal dit : « Le bois de la cure ». (Délibération du conseil municipal en date du 7 novembre 1841.)

Vers 1845, l'école fut transférée momentanément dans un autre local situé au nord de l'église. (Voir le plan.)

Enfin en 1848, eut lieu la construction de la maison d'école actuelle. L'emplacement en fut acheté par la commune, au sieur Lemoine-Lenoir, moyennant la somme de 300 francs. (Archives communales.)

En 1877, l'école fut dédoublée, l'unique salle de classe fut divisée en deux, pour former une école spéciale de filles et une école spéciale de garçons.

En 1882, on construisit une école mixte au village de Ceré (principale agglomération de la commune).

Cette création retint à Ceré une bonne partie des élèves qui fréquentaient précédemment les écoles du chef-lieu, et l'effectif de ces dernières diminua à tel point, qu'en 1901, on rétablit une école mixte au bourg de Coings.

De 1834 à 1857, l'enseignement fut gratuit pour les élèves indigents : à partir de 1857, il devint gratuit pour tous les élèves.

Les instituteurs recevaient, en conséquence, un traitement fixe de la commune.

En 1834, ce traitement était de 500 francs ; en 1857, il s'élevait à 600 francs ; en 1865, il atteignait 700 francs.

Enfin, depuis 1889, les instituteurs ne sont plus à la charge des communes et sont rétribués par l'État.

Aujourd'hui, quatre-vingts élèves environ fréquentent les écoles mixtes de Coings et de Ceré ; mais le nombre en est beaucoup réduit pendant la saison des travaux agricoles.

Les salles de classe sont claires et spacieuses, le mobilier scolaire est convenable, des ouvrages bien rédigés, bien imprimés, fournis gratuitement à tous les élèves, rendent l'enseignement agréable et facile.

Disons enfin que les écoles, à Coings, tiennent la première place, dans les préoccupations du conseil municipal, et cela avec raison, puisque c'est là qu'on forme des hommes utiles et dévoués au pays.

Liste des Institutrices et des Instituteurs qui ont exercé à Coings.

M. Joubert Pierre	1834
M. Lenoir Isidore	1850
M. Aufrère	1872
M. Dumarçay-Thomas	1873
Mlle Dumarçay (création)	1877
M. Moulin	1878
M. Dâle	1878
Mme Dâle	1878
M. Leblanc Alexis, maître auxiliaire, attaché auprès de M. Dâle	1879
M. Lagrange Eugène	1881
M. Maingaud	1884
M. Hardy François	1889
Mme Hardy	1889
M. Chantrenne Laurent	1894
Mme Chantrenne	1894
M. Chevy Abel	1900
Mme Chevy	1900
Mme Panis	1901
Mme Plissard	1907
M. Delaume Emile	1909

*Liste des Institutrices et des Instituteurs ayant
exercé à Ceré.*

Mlle Lelong (création)...............................	1883
Mlle Maingaud.............	1884
M. Lacas,...	1888
M. Chérioux..	1890
M. Fonteneau....................................	1892
Mlle Lazare..	1895
Mlle Lagoutte......................................	1897
Mme Blondet	1899
Mlle Boucrot...	1900
Mme Dauron......................................	1902
Mme Poisson.....................................:	1903
Mme Vidal..	1904
M. Benoiston Eugène........................	1905
M. Delaume Emile..............................	1908
M. Loget Albans.................................	1909

LES MAIRIES.

Jusqu'en 1817, il y eut deux mairies, l'une à Notz, l'autre à
Coings.

Un local spécial était bien réservé pour servir de « chambre
commune », comme l'on disait à cette époque, mais ce local ne
faisait pas partie du domaine communal.

Le secrétaire de mairie avait à sa charge le loyer et les réparations de la mairie et comme il était d'ailleurs peu rému-
néré, il ne mettait généralement, à la disposition de la commune, qu'un modeste local lui appartenant.

Aussi, la mairie changeait-elle de place, toutes les fois qu'il
était changé de secrétaire, et souvent, elle se trouvait reléguée
loin du bourg, dans la moins convenable pièce d'une habitation isolée, dans une ferme par exemple.

Ainsi, la chambre commune de Notz fut longtemps à la
ferme de Chantrenne ; celle de Coings fut aux Villemartins, à
Montchet.

La commune de Coings ne fit l'acquisition d'une mairie
qu'en 1841 : un logement bâti sur l'emplacement du chœur de
l'ancienne église, attenant à l'école primitive, appartenant au
sieur Lemoine-Lenoir. (Voir le plan.)

En 1848, ce logement fut laissé à l'instituteur et les archives communales furent transférées dans une chambre du premier étage de la nouvelle école.

Enfin en 1902, eut lieu la construction de la mairie actuelle.

Le secrétariat, jusqu'en 1834, a été tenu par le maire lui-même, ou par un des membres du conseil municipal. Ensuite, il fut confié à peu près régulièrement aux instituteurs.

Le traitement du secrétaire a beaucoup varié, en raison du travail de plus en plus considérable qu'ont donné aux mairies les nouvelles lois votées par le Parlement.

Il y a un peu plus d'un siècle, il était réellement bien minime ; le sieur François Darnault, adjoint et secrétaire, dans une réunion du conseil municipal en date du 13 juillet 1806, le déclarait déjà insuffisant.

Voici un extrait du procès-verbal de cette réunion :

« L'adjoint municipal prenant la parole dit : « MM. depuis plusieurs » années, je suis chargé de l'administration de cette commune et pour » faire tout le travail, vous ne m'avez alloué que 24 francs, pour les ho- » noraires du secrétaire, 12 francs pour frais de bureau et 6 francs, pour » loyer et réparations de la chambre commune. Ces sommes étant insuf- » fisantes et bien au-dessous de mes déboursés, je vous invite à prendre » en considération le travail dont je suis chargé, la perte de mon temps » et les dépenses que je suis obligé de faire toutes les fois que mon dé- » placement devient nécessaire. Si vous ne croyez pas qu'il soit de vo- » tre prudence d'accroître ces dépenses et d'allouer des sommes plus » fortes, je me verrai forcé de donner ma démission.

» Le conseil, prenant en considération les observations de l'adjoint mu- » nicipal, est d'avis qu'il soit alloué : 1° pour les appointements du se- » crétaire, une somme de 48 francs ; 2° pour les frais de bureau, tant de » la mairie que du conseil municipal, celle de 30 francs ; 3° et enfin pour » loyer et réparation de la chambre commune, celle de 24 francs.

» Le conseil a, au surplus, invité M. l'adjoint à continuer ses fonctions. »

Le traitement du secrétaire de mairie s'est ensuite élevé progressivement : en 1848, il était de 100 francs ; en 1881, il passait à 200 francs ; en 1907, il atteignait 275 francs. Aujourd'hui, il est fixé à 350 francs.

Maires de la commune de Notz

Poignault Pierre.......... an 2 de la République.
Clérault................ an 7
Darnault Gillon.......... an 8
Véras de la Bastière....... de 1814 à 1817.

Maires de la commune de Coings

*
* *

LES GARDES CHAMPÊTRES.

Le 1ᵉʳ janvier 1806, le conseil municipal de Coings délibérait pour désigner le premier garde champêtre.

Voici un extrait du procès-verbal de cette délibération :

« Vu la circulaire de M. le Préfet de ce département du 8 frimaire, » an 14, relative à l'établissement des gardes champêtres dans les com- » munes rurales et dont il a été donné lecture au Conseil ;

» Vu pareillement l'article 2, section 7 de la loi du 6 octobre 1791 sur » la police rurale qui est ainsi conçue :

» Plusieurs municipalités pourront choisir et payer le même garde » champêtre.

» Considérant que cette commune a très peu d'étendue et que le même » garde peut facilement surveiller en même temps les propriétés rurales » de la commune de Notz, très voisine de celle-ci ;

» Considérant qu'il n'existe point dans cette commune, ni dans celles en- » vironnantes, d'anciens militaires qui remplissent les qualités exigées » par la loi.

» Pour ces motifs, le maire a fait, au Conseil, les propositions suivan- » tes :

ARTICLE PREMIER.

» De présenter au Préfet, pour garde champêtre de cette commune, » le sieur Silvain Adam, lequel pourra en même temps être chargé, par » le conseil municipal de Notz, des mêmes fonctions, s'il est agréé par » ce conseil.

Article 2.

» D'accorder audit garde, pour son traitement de l'année 1806, une
» somme de 72 francs. »

. . . .

Le 23 mars suivant, le sieur Adam était nommé, par le
Préfet, garde champêtre des communes de Notz et de Coings.
Puis lui ont succédé les gardes ci-dessous désignés :

Audard Maturin,	en	1807.
Perrot Jean,	en	1815.
Poignault Charles,	en	1830.
Poignault Pierre,	en	1838.
Réginault Gervais,	en	1844.
Poiron Gabriel,	en	1870.
Ragot Joseph,	en	1894.
Bourdin Joseph,	en	1910.

Comme gardes chargés spécialement de surveiller les vignes, il y eut :

Poignault Augustin,	en	1847.
Limondin Silvain,	en	1865.
Richard Silvain,	en	1871.
Guilbault François,	en	1874.
Aladenise Denis,	en	1875.
Rouet Louis, Baronnet Silvain,	en 1876.	
Poignault Nicolas, Desaix François,	en 1877.	
Et Descombe Denis,	de 1881 à 1882.	

Ces garde-vignes étaient choisis par le conseil municipal et
rétribués par les propriétaires à raison de 2 francs par hectare
de vigne à surveiller (Registre des arrêtés du maire, n° 15,
folio 5).

Le garde champêtre avait autrefois des attributions aussi
nombreuses que variées. Il était chargé, comme aujourd'hui,
de rechercher et de constater les délits de toute nature, mais

en outre, on recommandait à sa vigilance les anticipations sur les chemins vicinaux ou leur détérioration, la divagation des chèvres, les permissions de port d'armes, les soldats déserteurs ou réfractaires, nombreux à cette époque.

(Le recueil des actes de la préfecture, année 1810, page 243, mentionne, pour le canton de Châteauroux, 19 conscrits réfractaires, dont un de Coings ; le sieur Descolas Joseph.)

Il était aussi chargé de la surveillance de tous les travaux intéressant la commune.

En 1841, il remplissait, en même temps, les fonctions de cantonnier et recevait pour le surcroît de travail que lui donnait ce nouvel emploi, 50 francs par an.

Enfin, il lui était recommandé d'apporter les plus grands soins dans l'accomplissement de ses devoirs professionnels, et lorsqu'il y manquait, il était frappé d'une peine disciplinaire sévère et souvent excessive.

Ainsi, en 1811, de nombreuses plaintes s'étant élevées contre la négligence du sieur Audard, celui-ci fut privé d'un mois de traitement par le préfet.

(Collection des actes administratifs, page 235.)

En 1816, le sieur Perrot, ayant tenu des propos injurieux contre Sa Majesté et contre la famille royale, était momentanément suspendu (Registre des délibérations, folio 31).

En 1874, le préfet avait prescrit, pour les gardes champêtres, le port d'un uniforme et le conseil municipal, dans une délibération de la même année, avait décidé d'en supporter les frais.

Cet uniforme se composait de :

« 1° Un képi cartonné, de forme militaire, en drap vert forestier, garni de » filets jaunes, ayant o m. 16 de hauteur sur le derrière et o m. 10 de » hauteur sur le devant, et une visière carrée en cuir vernis, portant » o m. 04 de largeur.

» 2° Une blouse en toile de fil bleue de o m. 80 de hauteur, ayant le » col et les épaulettes et les parements en toile verte, le tout garni de » filets jaunes et de 6 boutons de métal blanc à l'aigle, portant en légende circulaire : garde-champêtre. Indre.

» 3° Un sabre.

» 4° Un ceinturon de buffleterie noire de o m. 06 de largeur avec un » porte-sabre fermant sur le devant, au moyen d'une plaque à l'aigle en » cuivre jaune.

» 5° Un pantalon de forme militaire en toile de fil dite treillis, pour
» l'été.

» 6° Un pantalon en drap vert avec filets aux côtés, pour l'hiver. »
(Recueil des actes de la Préfecture, 1854, page 377.)

Aujourd'hui le garde champêtre n'a plus d'uniforme. Il porte bien encore le képi et, au bras, une plaque avec le nom de la commune et ces mots : « La loi », mais ce sont les seuls insignes qu'il revêt, dans l'exercice de ses fonctions, lorsqu'il dresse procès-verbal.

Jusqu'en 1870, le garde champêtre de Coings fut l'auxiliaire du commissaire de police cantonal de Châteauroux. La commune allouait à ce fonctionnaire, pour étendre sa haute surveillance jusqu'à Coings, 120 francs par an (Archives communales).

Le commissaire de police cantonal fut ensuite supplié par la gendarmerie de Déols.

ETAT CIVIL.

Les archives communales contiennent les registres des naissances, des mariages et des décès de l'ancienne commune de Notz, de 1669 à 1817, et ceux de la commune de Coings, depuis 1694.

Ces registres sont tous en assez bon état, mais ils offrent malheureusement de nombreuses lacunes : les actes de la commune de Notz, pour les années 1760, 1790, 1791, 1792, manquent, ainsi que les actes de la commune de Coings pour les années 1734 (en partie), 1735, 1736, 1737, 1738, 1790, 1791, 1792.

Mon intention était de donner quelques généalogies mais en raison de ces lacunes et malgré mes recherches, cela ne m'a pas été possible. De plus, les actes enregistrés par les curés jusqu'en 1790 sont rédigés si brièvement, que l'on ne peut suivre l'enchaînement des générations.

Cependant, dans le but de satisfaire la curiosité des habitants de Coings, je vais noter ici les extraits que je puis faire des anciens registres et qui me paraissent les plus intéressants.

Voici d'abord ce qui concerne la caste nobiliaire :

Commune de Coings.

En 1689, le fils d'un laboureur eut pour parrain : noble *François Salomon de Lassée,* conseiller ordinaire, secrétaire de monseigneur le Prince et seigneur de Coings ; et pour marraine : demoiselle *Renée Guillemet* d'Issoudun.

En 1695, mariage de *François Allarmes,* seigneur de Liancourt et demoiselle *Marie Bonnin.*

En 1701, mariage de *François Basset,* sieur des Taupins et demoiselle Madeleine Gaulin. Témoins : Picard, chanoine du Bourgdieu. Basset, président du grenier à sel de Buzançais. Gaulin, procureur fiscal de la ville de Buzançais. Deux vicaires généraux de monseigneur l'archevêque de Bourges et Pain, procureur du Marquisat de Mézières.

En 1704, le fils d'un journalier eut comme marraine : demoiselle *Françoise Vincent,* épouse de noble *Nicolas Deshais,* seigneur de Chantereine.

En 1712, le fils d'un laboureur eut pour parrain : noble *Pierre Pinault,* écuyer, sieur des Ormeaux, et pour marraine : dame *Jeanne Gaudin,* épouse de Étienne Robert de la ville d'Issoudun.

En 1713, naissance de Agathe, fille de noble *Claude Blanchard,* sieur de Gireugne et de dame Marie Basset. Elle eut pour parrain : Messire *Étienne-Henri Basset,* prieur, et pour marraine, Dame *Charlotte Dondeau de Lagonde,* épouse de Messire Pierre Blanchard conseiller du roy.

En 1723, mariage de Messire *Silvain-René Peyrot,* bailly du comté d'Argenton, fils de feu Mre René Peyrot aussy bailli audit Argenton en son vivant, et de dame Anne Ferdriet et demoiselle *Couté,* fille de Mre Jean Couté, seigneur de Paumule et de dame Marie Rebérioux, tous deux de la paroisse de Saint-Étienne d'Argenton.

Témoins : Messire Jean Crublier, seigneur de Corbylly, premier et plus ancien conseiller du duché de Châteauroux et dame Anne-Madeleine Peyrot, son épouse, Dame Jeanne

Bonnin, épouse de François Crublier, avocat au Parlement, Mre Claude Guimon de la Touche... etc...

En 1739, mariage de *Pierre Catherinot*, sieur de Villechaise, ancien officier de cavalerie, fils de feu Messire Nicolas Catherinot, sieur de Villechaise, ancien colonel de milice bourgeoise, et demoiselle *Jeanne-Thérèse Vignier*, fille de feu David Vignier, sieur du Châtelier.

En 1765, mariage de Mre *Pierre Moreau*, procureur au bailliage royal de Châteauroux, fils de Mre Silvain Moreau, receveur des aydes au bureau de Badecon et de dame Jeanne Delacoux, et demoiselle *Anne Soing*, fille de Mre Vincent Soing de Fontenay et de Marie Philisseau.

Témoins : Mre Gabriel Delaleuf, bailli de la Justice de Neuvy-Pailloux, et Jean Delaleuf, étudiant en droit.

Commune de Coings.

En 1701, le fils d'un journalier eut pour parrain : *Élie-Salomon de Lassée*, seigneur de Coings, et pour marraine, *Marie de Lassée*.

Les signatures de ces derniers se retrouvent également sur les registres en 1710, 1711, 1712, 1727, 1728, 1729, 1732.

En 1732, la fille d'un laboureur de la Muleterie eut pour parrain : Messire *Jacques Heurtault*, chevalier, seigneur de Chanteloup, clerc tonsuré du diocèse de Bourges, prieur commendataire de Notre-Dame du Châtelier, ordre de Grammont, chevalier des ordres royaux militaires et hospitaliers de Notre-Dame du Mont-Carmel et de Saint-Lazare de Jérusalem.

En 1733, décès de *Élie-Salomon de Lassée*, seigneur de la métairie et fief de Coings, époux de *Élisabeth Guitaux* (inhumé dans le chœur de l'église de Coings).

En 1733, mariage de Messire *Claude-Pierre de Brossard*, écuyer, seigneur de la Morinerie et autres lieux, de la paroisse de Villiers-en-Brenne, veuf en premières noces de dame Anne Morin et demoiselle *Catherine-Rose-Élisabeth de Lassée*, fille de feu Mre Élie-Salomon de Lassée, seigneur de Coings et de feu Élisabeth Guitaux, en présence de Mre Jean-Baptiste de Lassée, seigneur du fief de Coings, frère de l'épouse, de

Mᵣₑ Paul de Lassée son cousin, de Dame Dauphine Bonneau sa cousine, de Mᵣₒ François de Brossard, frère de l'époux, de Mᵣₒ Claude-Joseph Turquie, procureur fiscal et plusieurs autres, qui, avec les parties, ont signé.

En 1739, mariage du sieur *Pierre-Étienne Gaulin*, sieur de Marban et autres lieux, capitaine de la milice bourgeoise de la ville de Châteauroux, fils de feu Messire Étienne Gaulin, en son vivant conseiller du roy et de dame *Renée-Rose Lefebre* de Varenne, veuve de feu Jean-Baptiste de Lassée en son vivant seigneur de Coings. Témoins : Étienne Casy, sieur de Villeneuve, Pierre de Brossard, écuyer, seigneur de la Morinerie. Philippe de Baucheron, etc. (autres signatures illisibles).

En 1762, décès de Marie *Françoise Roussel* de Charost, veuve de feu Mᵣₒ *Charles Billon*, chevalier de l'ordre de Saint-Louis, ancien major du régiment d'Ernault.

En 1763, *Marie-Louise Tauxier*, épouse de *Claude Le Blanc*, seigneur de Coings, fut marraine avec les sieurs *Crublier de Grand'Maison* et *Claude-Henry Masson*, écuyer, Président-trésorier à Bourges.

En 1769, ladite *Marie-Louise Tauxier* figure à nouveau, pour un autre baptême, avec le sieur *Mayerne*, docteur en médecine, et en 1770 avec le sieur *Claude de Vasson*.

En 1773, Catherine Darnault eut pour parrain : Mᵣₑ *Charles-François Robert de Chénevière*, avocat au Parlement, et pour marraine : dame *Catherine Heurtault* femme Robert.

Puis, à partir de la Révolution, sur les actes de l'état civil, dressés par les mairies, on ne trouve plus aucune signature de représentants de la noblesse, à part celle de Mᵣₒ *Pierre-Jean Véras*, écuyer, sieur de la Bastière, lequel fut maire de Notz de 1814 à 1817.

⁎

Dans la classe ouvrière, je ne vois d'intéressant à noter que les plus anciennes et plus grandes familles qui semblent être encore représentées aujourd'hui.

A Notz, il existait des *Pâtureau* en 1675, des *Chouat* ou

Chuat et des *Poignault* en 1690, des Rousseau en 1692, des Larmignat en 1696, des Vincent en 1700, des Bruneau en 1702, des Roux en 1703, des Borgeais en 1730, etc.

A Coings, l'on rencontre des L'harmignat ou L'hermignat en 1747, des Darnault, des Chauveau, des Poignault ou Pognaud en 1753, des Vincent et des Benoist en 1754, des Chuat en 1758, des Bourdin en 1767, des Doucet en 1778, etc.

Les Poignault et les Doucet, à une certaine époque, ont été les plus nombreux.

A Notz, de 1803 à 1813, il y eut 26 naissances au nom de Poignault.

A Coings, de 1803 à 1813, il y eut : 11 naissances au nom de Doucet et 11 au nom de Poignault.

De 1813 à 1823, furent enregistrées : 13 naissances au nom de Doucet et 16 au nom de Poignault.

De 1843 à 1853, il y eut encore 7 naissances au nom de Doucet et 18 au nom de Poignault.

Mais depuis longtemps déjà les Doucet et les Poignault sont moins nombreux, et aujourd'hui les plus grandes familles sont représentées par les Bourdin, les Moreau et les Borget.

Il est à remarquer aussi que l'orthographe des noms de famille a beaucoup varié :

Ainsi, Chuat s'est écrit : Chouat.

Larmignat : L'harmignat ou L'hermignat.

Doucet : Dousset.

Arrouy : Arrouis, Arrouit, Arouit..., etc.

Vers 1830, on donnait également aux prénoms différentes orthographes :

Hélène s'est écrit : Elaine.

Adèle : Adelle.

Jules : Julle..., etc.

On écrivait aussi : Toine pour Antoine.

Filisse pour Félix.

Jénie pour Eugénie..., etc.

On peut se rendre compte également que les enfants trouvés n'étaient pas rares autrefois : les anciens registres en signalent fréquemment.

Ainsi le 25 septembre 1780, il y eut à Coings le baptême d'un enfant trouvé.

A Notz, en l'an 7, le 3 floréal et le 7 nivôse fut enregistré le décès de deux enfants trouvés.

Et de nombreux exemples sont encore à citer, prouvant qu'en ce temps déjà lointain, les mères abandonnaient facilement leurs enfants.

Pour donner à ces petits abandonnés un nom de famille transmissible à leurs propres descendants, les actes administratifs de l'époque recommandaient de ne pas choisir de noms appartenant à des familles existantes. On devait emprunter des noms soit à l'histoire des temps passés, soit aux circonstances particulières à l'enfant, comme sa conformation, ses traits, son teint, le pays, le lieu où il était trouvé, etc.

Pour choisir des prénoms ou noms de baptême, on devait suivre les coutumes et les règles ordinaires.

A Notz et à Coings, on n'était point formaliste : pour écarter toute difficulté, on faisait baptiser ces enfants sous un prénom quelconque, puis on les portait à l'hospice de Château-roux qui voulait bien les recevoir et les élever moyennant une subvention communale (voir plus loin les crédits mentionnés sur les anciens budgets à cet effet).

Enfin, pour clore ce chapitre, je crois devoir reproduire in extenso, sans commentaire, quelques actes des plus typiques et des plus suggestifs.

« Le 11 du même mois (février) et an (1681) a esté inhumé dans le ci-
» metière de cette paroisse : Paul Guéritault, âgé de 18 ans, qui devint
» tout hébété à cause qu'il tomboit souvent du haut mal et mort sans
» que l'on ait pu lui administrer les saints sacrements.

» Signé : Lavrenesque, Curé. »

« Le dix-neuvième du mois d'octobre (1683) a esté inhumé dans le ci-
» metière de cette paroisse, Catherine Mallet, femme de Jean Audoux,
» qui se trouva malade le jour de son mariage et est morte le dix-hui-
» tième du présent mois.

» Signé : Lavrenesque, Curé. »

« Le dixième du mois d'août de cette présente année 1689 a esté
» inhumé dans le cimetière de la paroisse de Notz, Jean Malessée, âgé

» d'environ cinquante ans, qui a esté tué d'un coup d'épée par un soldat
» qui étoit accompagné de cinq autres, et ledit Malessée a eu le temps
» de recevoir le sacrement de la pénitence. Il estoit de la paroisse du Pin,
» village de Badecon.

> » Signé : LAVRENESQUE, Curé de Notz. »

« Le 15 juillet 1690, a esté inhumé dans le cimetière de céans un jeune
» homme appelé Louis, qui se disoit estre du Limousin, qui estoit d'une
» moyenne grandeur, qui mourut sans les sacrements, sur lequel on a
» trouvé un chappelait, une tasse d'étaim, une cuillère d'étaim, 25 l. d'ar-
» gent et une faucille. Ceux qui l'amenèrent ne purent dire son nom, et
» mourut chez Maria Fouquet, dans l'écurie. Deux vallets de ladite mé-
» tairie l'amenèrent dans leur charrette.

> » Signé : DUGLONGVENET, Curé de Coings. »

« Le vingt-cinq de février mil sept cent dix-sept, a esté baptizé, par
» moy, curé soussigné, un garçon auquel nous avons donné le nom de
» Pierre ; son parrain a esté Pierre Rousseau et sa marraine Françoise
» Charles qui m'ont dit que ledit enfent estoit né d'hier de la nommée
» Anne Gabin, mariée du premier jour de ce mois à Michel Thomas, et
» que ladite Gabin, sous l'autorité dudit Thomas, son mary, leur au-
» roit dit que ledit Thomas, son mary, n'en est pas le père, mais Claude
» Dupont. Pourquoy je me suis transporté à la maison de ladite Gabin
» ou s'y est trouvé ledit Thomas, son époux, et Pierre Rousseau, par-
» rain susdit et soussigné et Simon Boucault, aussy soussigné, demeu-
» rant tous au village de Serets en cette paroisse. Lequel Thomas m'a
» déclaré, en présence desdits témoins, qu'il n'estoit pas le père dudit
» enfent, que ladite Anne Gabin, son épouze, pouvoit et devoit dire qui
» en est le père. A quoy elle a répondu qu'elle m'avoit déclaré que
» c'estoit Claude Dupont, mais sans dire ses qualités, et que ce Claude
» Dupont est Claude de Courcenay, seigneur Dupont, chez qui elle estoit
» servante devant que venue en cette paroisse. Dont j'ay fait acte le jour
» et an que dessus, en présence desdits témoins.

> » Signé : Rousseau, Boucault et Dubreilh, Curé de Notz. »

« En 1709. De chez Pion ont esté enterrés deux valets et une ser-
» vante.

> » Signé : LAVRENESQUE. »

« En 1709. Pendant mon absence à Bourbon, ont esté inhu-
» més : un enfant de Mathurin Guéritault ; un enfant de Gilbert
» Pelletier, de la Chuat du Moulin Perrin veuve de Pierre Au-
» frère ; un enfant du petit Guéritault ; un garçon de Mathurin
» Gagnon ; un garçon de Jean Audoux ; un garçon de Rigaudon ;
» deux enfants de chez Chabanne ; un enfant de la Penotte ; un enfant
» de Pelletier ; une fille de chez la Gazelle et une fille de chez la Pione.

» Tous les enfants ci-dessus mentionnés, morts et enterrés, sont des
» enfants de pères et mères pauvres qui n'ont pas le moyen de payer
» les registres de paroisse. Il y a plus de dix ans que je suis obligé de
» les payer.

» Signé : LAVRENESQUE, Curé. »

Et pour terminer, en voici un autre, qui n'a aucun rapport avec l'état civil, mais qui n'en est pas moins digne d'intérêt :

« Acte de réception d'une matrone ou sage-femme.

» Aujourd'hui dimanche, septième jour d'août, mil sept cent douze,
» Marie Bouet, femme de Simon Boucault de cette paroisse, âgée d'en-
» viron trente-sept ans, a été élue pour exercer l'office de matrone et a
» prêté serment entre nos mains, suivant les ordonnances de Monsei-
» gneur l'archevêque de Bourges.

» Signé : TURQUIE, Curé de Notz. »

LES BUDGETS.

Les budgets de la commune de Coings, depuis 1812, sont conservés dans les archives municipales. Il est donc facile, en s'y reportant, de se rendre compte des recettes et des dépenses qui se sont faites à diverses époques et de suivre la marche régulière des affaires de la commune.

A titre de curiosité, voici d'abord la reproduction exacte du budget de l'année 1812.

« RECETTES.

» *Recettes extraordinaires :*

» Reste par aperçu de l'année précédente.................   743   »

» *Recettes ordinaires :*

» Centimes additionnels à la contribution foncière..........   130 50
» Centimes à la contribution personnelle, etc...............   6   »
» Centimes à la contribution des patentes.................   0 50
» Biens ruraux communaux (prix de ferme)..............   363 50
» Droit de place aux foires et marchés (prix de ferme).....   36   »

» Total des recettes :   1.279 50

» DÉPENSES.

» *Dépenses ordinaires.*

» Appointements du secrétaire de mairie.................   36   »
» Frais de bureau, tant de la mairie que du Conseil munici-

» pal, consistant en papier, encre, plumes, chauffage, lumière,
» ports de lettres, impressions, reliures, courses et autres mê-
» mes dépenses... 30 »
  » Traitement du garde champêtre............................ 125 »
  » Abonnement au bulletin des lois.......................... 6 »
  » Frais de registre de l'état civil......................... 7 15
  » Frais de correspondance administrative................... 20 »
  » Frais de collection des actes administratifs............. 9 »
  » Contributions des biens communaux........................ 61 47
  » Loyer et entretien de la maison commune.................. 18 »
  » Traitement du receveur municipal......................... 13 98
  » Vingtième des revenus communaux.......................... 36 85
  » Supplément pour le traitement du Préfet.................. 37 60
  » Centième pour l'Hôtel des invalides...................... 5 35
  » Dixième des revenus fonciers............................. 74 »
  » Traitement de l'Inspecteur-voyer......................... 12 »
  » Indemnité de logement au Desservant...................... 53 »
  » Supplément de traitement au Desservant................... 350 »

           » *Dépenses extraordinaires.*

  » Pour la culture des betteraves........................... 330 10
  » Plantations dans les communaux........................... 100 »
  » Pour la maison centrale de détention..................... 64 »
       » Total général des dépenses : 1.279 50

Note. — Le dixième des revenus fonciers indiqué ci-devant et qui s'élève à 74 francs, était destiné au culte. (Arrêté de la Préfecture, 1811, page 259.)

La dépense relative à la culture de la betterave était imposée par le Préfet, dans le but d'améliorer et de propager ladite culture.

Voici également comment se répartissaient les dépenses ordinaires du budget de 1848.

           « *Dépenses ordinaires :*

  » Traitement du secrétaire de mairie....................... 100 »
  » Frais de bureau de la mairie............................. 40 »
  » Abonnement au bulletin des lois.......................... 6 »
  » Frais de registre de l'état civil........................ 17 50
  » Impressions à la charge de la commune.................... 9 66
  » Timbre des comptes et registres de comptabilité com-
» munale.. 6 75
  » Timbre des mandats de paiement délivrés par le maire... 3 »
  » Remise au Receveur municipal............................. 173 »

» Salaire du garde champêtre............................ 400   »
» Frais de perception sur les centimes communaux........ 7 46
» Contributions des biens communaux................... 246 75
» Entretien des promenades............................ 6   »
» Assurance des bâtiments communaux contre l'incendie... 6 56
» Secours aux malades indigents....................... 50   »
» Ateliers de charité, confection des chemins vicinaux...... 1.100   »
» Dépenses des enfants trouvés......................... 55 38
» Traitement de l'instituteur........................... 450   »
» Supplément de traitement au Desservant................ 200   »
» Achat et entretien d'objets relatifs au culte............. 156   »
» Dépenses imprévues................................ 250   »

» Total général...... 3.284 06

Puis les dépenses ont progressivement et régulièrement augmenté, suivant l'extension des services communaux et les exigences de la vie.

En 1850 elles s'élevaient à............................ 4.428 60
En 1860 elles étaient de............................. 4.406 21
En 1870 —   — de............................. 5.938 40
En 1880 —   — de............................. 6.597 16
En 1890 —   — de............................. 7.228 07
En 1900 —   — de............................. 8.464 76
En 1910 —   — de............................. 12.523 83

Depuis 1812, l'augmentation est considérable, il est certain ; mais il faut remarquer que, dans cet intervalle, la commune a construit une église, un cimetière, un presbytère, deux écoles, une mairie, elle a réparé et entretenu ces bâtiments communaux, elle a payé un peu plus généreusement ses fonctionnaires, parce qu'il fait plus cher vivre et en raison de leur besogne de plus en plus considérable, elle a tenu à ce que l'enseignement fût gratuit pour tous les enfants, elle a construit enfin plus de 25 kilomètres de chemins, établi de nombreux ponts sur les rivières, etc..., etc.

L'augmentation des dépenses s'explique donc bien ; c'est tout simplement un signe de progrès.

Et malgré tout cela, la situation financière de la commune n'en est pas moins bonne, puisqu'aujourd'hui le produit de la location de ses propriétés monte à plus de 2.500 francs.

LES CHEMINS.

Ce qui a coûté le plus à la commune, c'est la construction des chemins et leur entretien.

Tandis qu'en 1830, le conseil municipal ne votait que 150 francs, pour subvenir à cette dépense, aujourd'hui plus de 5.000 francs sont réservés tous les ans pour les chemins ; et ce n'est pas trop, puisqu'à certains endroits, ils sont encore en bien mauvais état. Mais, depuis longtemps déjà, ils ne sont plus comparables à ceux qui existaient autrefois.

TABLEAU DES CHEMINS ENTRETENUS PAR LA COMMUNE DE NOTZ EN 1807.

Désignation et direction des chemins.	*Largeur.*
Chemin de Coings à Châteauroux	8^m
Chemin de Coings à la Grand'route	6^m
Chemin de Coings à Notz	6^m
Chemin du Moulin de Chantrenne à Ceré	6^m
Chemin de La Champenoise à Châteauroux	8^m
Chemin de Notz à Châteauroux	6^m
Chemin de Notz au Moulin Perrin	4^m
Chemin de Notz à l'ancienne route d'Issoudun	4^m
Chemin de Lépinière aux Villerais	4^m
Chemin de Ceré aux Grands et Petits Pruneaux	6^m
Chemin de fer allant à Ardentes	6^m
Chemin des Villerais à Déols	4^m
Chemin de Notz à Montierchaume	6^m
Chemin de Ceré à Ardentes	6^m
Chemin de Notz à la Bussière et à Châteauroux	8^m et 12^m

(Archives communales.)

TABLEAU DES CHEMINS ENTRETENUS PAR LA COMMUNE DE COINGS EN 1807.

Désignation et direction des chemins.	*Largeur.*
Chemin de Châteauroux à Brion par Coings	8^m
Chemin de Coings à Notz	8^m
Chemin de Coings à Villers par les Villemartins	9^m
Chemin de Coings à Vineuil et Villegongis	10^m

(Archives communales.)

Il y avait aussi la grand'route, appelée suivant les régimes, route royale, route impériale et route nationale n° 20 ; mais celle-ci était entretenue aux frais de l'Etat. Elle fut classée par décret du 16 décembre 1811 et construite antérieurement au XIX⁺ siècle, par corvées et par tronçons. (F. Dufresne, tome I, page 147.)

Parmi les chemins vicinaux cités précédemment, un seul était ferré ; les autres ne formaient que des chemins de terre, et comme ceux-ci n'étaient pas très bien délimités, les riverains réduisaient beaucoup leur largeur ; souvent même, ils les faisaient disparaître totalement.

Sur le registre des délibérations, année 1806, folio 17, je relève ce qui suit :

« Les riverains dont les chemins traversent les propriétés, et qui, pour
» la facilité de la culture, labourent ceux qui se trouvent au niveau des
» terres sur lesquelles ils sont établis, devront toujours rendre aux che-
» mins leur largeur primitive, dans la direction la plus droite, pour que
» les voyageurs ne puissent se tromper. »

D'après cela on peut se faire une conception exacte de l'état des chemins d'autrefois.

Ce n'est que vers 1835 que l'on entreprit de les ferrer.

En 1869, quatre chemins ne l'étaient pas encore complètement : le chemin de Coings à Vineuil, le chemin de Coings à Villers, celui de Coings à la Champenoise, et celui de Coings à la route impériale n° 20.

En 1881, il y avait 8 chemins vicinaux ordinaires dont la longueur se répartissait comme suit :

A l'état du sol naturel.	260ᵐ
A l'état d'empierrement.	22.120ᵐ
Total.	22.380ᵐ

Pour la construction de ces chemins, les sommes votées par le conseil municipal étaient presque toujours insuffisantes. Alors on dressait chaque année un rôle de prestations en nature, dont le montant était spécialement affecté à la réparation et à la construction des chemins.

Chaque chef de famille et chaque personne mâle, valide, âgée de vingt ans et au-dessus, composant sa maison, chacune des bêtes de trait et de somme employée à son service ou au service de son exploitation, devaient fournir une ou plusieurs journées de travail, suivant l'arrêté municipal.

Chaque journée était rachetable.

En 1832, la journée d'homme était rachetable pour 1 franc, et celle d'un cheval de trait pour 2 fr. 50 (Reg. des délib. 1832 folio 66.)

Cela augmentait considérablement les ressources de la commune.

En 1870, la répartition des ressources pour l'entretien et la construction des chemins était ainsi établie :

Somme allouée par le Conseil municipal. . .	931	81
Montant des prestations	461	40
Total.	1.393	21

En 1881, la commune disposait de :

en prestations	698	10
en argent	815	00
Total :	1.513	10

En 1891, la commune comptait sur 477 journées d'hommes, 468 journées de chevaux de trait, 9 journées de paires de bœufs, 96 journées d'ânes, 27 journées de voitures attelées et 93 journées de charrettes à ânes.

La journée d'homme était rachetable pour.	1	40
celle d'un cheval de trait pour	2	70
celle d'une paire de bœufs pour	1	80
celle d'un âne pour	0	50
celle d'une voiture attelée pour.	1	20
et celle d'une charrette à âne pour	0	50

Le montant des prestations s'élevait cette année à 2.369 fr. 70.

Mais depuis 1908, les prestations sont remplacées par une taxe vicinale qui consiste en centimes additionnels aux quatre impôts directs.

Le montant de la taxe vicinale s'élève, pour la présente année 1912, à 2.300 francs en chiffres ronds.

Il ne faut pas oublier de dire aussi que, depuis 1845, des ateliers de charité sont ouverts pour l'entretien des chemins et que cette mesure a été d'un grand soulagement pour la population ouvrière de la commune, notamment pour les vieillards qui, souvent, manquent de travail.

TABLEAU DES PORTIONS DE CHEMINS VICINAUX ORDINAIRES ENTRETENUS A L'ÉTAT DE VIABILITÉ EN 1912 SUR LE TERRITOIRE DE LA COMMUNE DE COINGS.

Nᵒˢ des chemins.	Indication de leur direction.	Longueur.
1	Chemin de Coings à la route nationale nᵒ 20	1.550 ᵐ.
2	— de Coings à Montierchaume	2.400 ᵐ.
3	— de Coings à Vineuil	2.000 ᵐ.
4	— de Coings à Villers	3.300 ᵐ.
5	— de Coings à La Champenoise	2.540 ᵐ.
6	— de La Bussière à la route nationale nᵒ 20	4.050 ᵐ.
7	— de Coings à Brion	3.540 ᵐ.
8	— de Coings à Ardentes	2.000 ᵐ.
9	— de Coings au chemin vicinal nᵒ 5	1.536 ᵐ.
10	— de Ceré à Montchet	2.668 ᵐ.

Il y a lieu enfin de citer les cantonniers municipaux qui ont contribué, pour une large part, à améliorer l'état des chemins.

Le premier, nommé en 1841, fut le sieur Poignault Pierre ; il cumulait en même temps les fonctions de garde champêtre, comme il a été dit précédemment.

Puis il y eut :

Réginault Gervais, g.-cantonnier	en 1844.
Moreau Blaise, cantonnier	en 1858.
Raton Nazaire,	en 1877.
Rouet Jean,	en 1883.
Raton Nazaire,	en 1888.
Lucas Eugène-Edouard,	en 1902.
Bourdin Albert,	en 1903.
Bourdin Albert, chef-cantonnier et Meyer Lucien, cantonnier,	en 1906.
Voix Louis,	en 1906
et Benoit Alexandre,	en 1907.

Disons également que depuis 1906, il y a deux cantonniers municipaux et que le sieur Bourdin Albert, toujours en fonctions, est le chef.

*
* *

MOUVEMENT DE LA POPULATION.

Tandis que la commune de Notz avait 287 habitants en 1817, la commune de Coings n'en comptait que 195. (Archives communales.)

La population de celle-là était supérieure à la population de celle-ci, parce qu'elle comprenait une agglomération importante, le village de Ceré.

A partir de cette époque, en se reportant aux tableaux de recensement conservés à la mairie, il est facile de suivre le mouvement de la population.

Notons ici quelques chiffres seulement pour en indiquer les principales phases :

En 1820, la population de la commune était de 582 habit.
en 1827 — — de 616 —
en 1831 — — de 627 —
en 1841 — — de 646 —
en 1856 — — de 686 —
en 1886 — — de 634 —
en 1896 — — de 590 —
en 1901 — — de 602 —
en 1906 — — de 611 —
et en 1911 — — de 619 —

On remarque que de 1856 à 1896, la population diminue sensiblement.

Quelle est la cause de cette diminution ? Je ne puis l'indiquer avec certitude, mais je suppose qu'en ce temps, on émigrait avec la conviction de trouver ailleurs un peu plus de bien-être. D'ailleurs, c'est dans cet intervalle que les grandes familles se sont dispersées et que les plus anciennes ont disparu totalement.

Mais on constate aussi que depuis 1896, la population augmente progressivement et régulièrement, ce qui prouve que dans la commune de Coings il fait bon vivre et que les habitants savent maintenant le reconnaître.

ÉTAT DE LA POPULATION DE LA COMMUNE EN 1911.

Désignation des lieux.	*Population de chaque lieu.*
Coings (le bourg, le domaine et le moulin)..............	67 hab.
Ceré (village)................................	238 —
Notz, y compris la Godinière (village).................	46 —
Les Turnes (village).............................	17 —
La Presle (ferme)...............................	15 —
La Grange des dîmes (ferme)........................	10 —
Le Bois (maisons éparses et ferme)...................	14 —
Chantrenne (ferme).............................	5 —
Le Moulin de Chantrenne........................	5 —
Le Consain (ferme).............................	11 —
Montbrault (ferme).............................	9 —
La Gorgassière (ferme)..........................	9 —
La Petite Borde (village).........................	12 —
La Grande Borde (ferme).........................	11 —
La Muleterie (ferme)............................	12 —
Montchet (ferme)..............................	11 —
La Rapinerie (maisons éparses).....................	4 —
La Gaieté (maisons éparses).......................	13 —
Les Villemartins (fermes).........................	10 —
La Fumerolle (maison éparse)......................	3 —
La Place (maisons éparses)........................	12 —
Le Petit Verger (ferme)..........................	5 —
Le Moulin Perrin (ferme).........................	11 —
Villecourte (ferme).............................	14 —
La Bussière (fermes)............................	15 —
Le Moulin de Notz (ferme)........................	7 —
Gauget (maisons éparses).........................	13 —
Chassérioux (fermes)............................	20 —
Total...........................	619 hab.

L'AGRICULTURE.

Sur les 2.933 h. 26 a. 63 c. de la commune, on compte, en nombres ronds, d'après les dernières statistiques agricoles :

en terres labourables . . . . 2285 hectares
en prés naturels et herbages . . 273 —
en jardins . . . . 195 —
en vignes. . . . . 9 —
en bois. . . . . 80 —

Le reste du territoire se partage entre les emplacements du bourg, des villages, des fermes et les surfaces prises par les chemins, les routes, les cours d'eau, etc.

Les terres labourables, situées sur le plateau, sont en général d'un bon rapport ; on les utilise pour les cultures et dans les proportions suivantes :

Froment		750	hectares
Seigle		50	—
Orge	d'hiver.	150	—
	de printemps.	150	—
Avoine	d'hiver.	10	—
	de printemps . . .	630	—
Pommes de terre.		50	—
Topinambours		4	—
Betteraves fourragères. . . .		75	—
Carottes fourragères.		5	—
Choux fourragers		1	—
Maïs		10	—
Prairies artificielles, trèfle. .			
Luzerne, sainfoin, vesce. . .	}	400	—

Les céréales, depuis une vingtaine d'années, sont les principales ressources du pays ; leur rendement à l'hectare correspond à peu près à ces chiffres :

Froment		16	hectolitres
Seigle.		12	—
Orge	d'hiver.	11	—
	de printemps. . . .	13	—
Avoine	d'hiver.		
	de printemps . .	} 15	—

Mais si les céréales sont aujourd'hui en honneur, c'est que la culture est de moins en moins routinière, que les machines agricoles sont de plus en plus nombreuses et que, surtout, l'emploi des engrais chimiques est devenu courant.

Les statistiques notent qu'il est employé par année dans la commune :

> 60 quintaux de guano.
> 1500 quintaux de superphosphate.
> 500 quintaux de scories.
> 5 quintaux de nitrate de soude.

Les prairies naturelles sont de mauvaise qualité. Situées dans la plaine marécageuse et tourbeuse, aux abords des ruisseaux, elles sont sujettes aux inondations durant la saison pluvieuse, et, par voie de conséquence, elles sont infestées de roseaux, de joncs et autres mauvaises herbes.

A certains endroits, notamment dans les prairies de Villecourte, la tourbe est en abondance.

En 1880, un sieur Beaufumé eut l'idée d'entreprendre l'extraction de cette tourbe ; mais il abandonna son projet pour je ne sais quelle cause.

A proximité des agglomérations et principalement au lieu dit « La Gagne », les marais sont assainis par de nombreux fossés et sont rendus propres à la culture maraîchère.

Ailleurs on plante de l'osier.

Cette culture réussit bien dans ces terrains humides, elle est d'un bon rapport et semble prendre de l'extension.

Les vignes se font aujourd'hui de plus en plus rares et leur rendement n'est plus guère appréciable, tant au point de vue de la quantité qu'au point de vue de la qualité.

Elles étaient jadis plus en honneur dans la commune et occupaient une étendue de territoire assez considérable. Elles furent détruites de 1881 à 1886 par le phylloxéra, et depuis cette époque, on ne songe plus à les renouveler.

Quant aux autres cultures, elles sont encore moins importantes.

Disons seulement qu'autrefois, vers 1810, la betterave à

sucre était cultivée dans de grandes proportions pour l'approvisionnement de la sucrerie impériale de Châteauroux.

Coings. — Orme dit de Sully.

L'étendue des bois est également restreinte.

Les principaux, situés sur la limite de la commune de Montierchaume, sont : les bois de La Ronde, de Procès, de la Coudrière, du Boucher, de la Faim.

Les autres, de moindre importance, sont dispersés sur le reste du territoire.

Ce sont les bois de La Place, du Brault, de Montchet, du Pontioux, des Allées.

Citons encore les bosquets du Consain, de Villecourte, de Coings, de Ceré, du Moulin-Perrin.

Les essences qui y dominent sont le chêne, l'orme et le peuplier.

On trouve aussi quelques arbres fruitiers : pommiers, poiriers, pruniers, cerisiers, cognassiers..., près des habitations et des noyers sur le bord des chemins.

Sur la place publique, au bourg de Coings, on remarque un « Rosny », que bon nombre de promeneurs viennent journellement admirer.

Ce n'est pas, comme il y aurait lieu de croire, « l'arbre de la liberté », il date d'une époque beaucoup plus reculée ; les pièces de monnaies anciennes que l'on a retrouvées dans le creux du tronc, en sont le plus sûr témoignage.

Cet arbre mesure, à 2 mètres de hauteur, 8 mètres de circonférence.

La production animale de la commune s'établit ainsi qu'il suit, d'après la dernière statistique.

Chevaux entiers	152
Chevaux hongres	80
Juments	2
Mulets	1
Anes	25
Bœufs	0
Taureaux	6
Vaches	200
Élèves	52
Truies	4
Porcs jeunes	200
Brebis	3000
Moutons	800
Agneaux et agnelles	850
Chèvres	350

Les chevaux entiers sont utilisés pour les travaux des

champs : ils remplacent les bœufs avantageusement, paraît-il.

Les bêtes à laine sont la principale richesse du pays. Les moutons de la champagne berrichonne jouissent d'une grande réputation sur le marché français ; ils sont surtout appréciés par la qualité de leur laine.

L'espèce caprine n'est pas à dédaigner non plus, car elle fournit de bons fromages justement réputés sur le marché de Châteauroux.

Puis vient en seconde ligne l'élevage des volailles qui se fait en grand et qui est une ressource précieuse pour les fermiers.

Depuis quelque temps, on s'occupe aussi d'apiculture et les résultats obtenus sont déjà appréciables.

Telles sont les ressources essentielles de la commune de Coings.

Dans un avenir prochain, des progrès seront encore réalisés, le sol. tout en restant en partie une terre à moutons et une terre à blé, pourra produire davantage lorsque les cultivateurs auront un peu plus d'initiative.

Le régime de la propriété, ici, n'est pas uniforme. Le sol est en général possédé par de grands propriétaires et il est cultivé surtout par des fermiers.

Le métayage, avec cheptel appartenant en totalité ou en partie aux propriétaires, se rencontre avec des domaines de moindre importance, et le faire-valoir-direct n'est exercé que par la petite culture.

Liste des 35 propriétaires les plus imposés en 1831 et par conséquent les plus grands propriétaires de l'époque :

1. Lemoine-Lenoir, directeur des contribut. ind. à Châteauroux.
2. Robert Michel, marchand de laine à Issoudun.
3. Veillat Armand, propriétaire à Châteauroux.
4. Malbay-Lavigerie, juge de paix à Châteauroux.
5. Lassée-Maron J.-B., propriétaire à Châteauroux.
6. Bertrand-Boislarge Louis, propriétaire à Châteauroux.
7. Falchéro-Claveau, docteur en médecine à Châteauroux.
8. Mousnier-Robert, propriétaire à Issoudun.
9. Grillon-Deschapelles J.-P., anc. conseiller au Châtelet de Paris.
10. Patureau Jean-Charles, propriétaire à Nantes.

11. Limondin Augustin, cultivateur à Ceré.
12. Girault Jean, cultivateur au Consain.
13. Limondin Denis, maire, à Montchet.
14. Poignault-Bouet Pierre, meunier, à Coings.
15. Brillaut Pierre, marchand de bois à Châteauroux.
16. Darnault Etienne, meunier à Chantrenne.
17. Girault Jacques, cultivateur à Notz.
18. Bruneau Gabriel, cultivateur à Notz.
19. Moreau-Ménard Pierre, propriétaire à Châteauroux.
20. Debengy Philippe, propriétaire à Bourges.
21. Godinat Louis, cultivateur à Chasserioux.
22. Perreau Jean, meunier aux Riollons.
23. Claveau-Martineau Antoine, propriétaire à Châteauroux.
24. Darnault-Fromenteau Silvain, propriétaire à La Châtre.
25. Péron Gabriel, cultivateur à Le Muleterie.
26. Doucet Silvain, cultivateur, à La Bussière
27. Audoux Jean, cultivateur, au Bois.
28. Bouet Louis, cultivateur à Villecourte.
29. Laroche Jean, cultivateur à La Borde.
30. Prouveur, ex-préfet, à Cambrai.
31. Grillon Eugène, Commandant de la Garde nat. à Châteauroux.
32. Limousin-Gablin, cultivateur à Coings.
33. Couturier Vincent, cultivateur à La Place.
34. Moreau Vincent, propriétaire à Châteauroux.
35. Péron Etienne, cultivateur à La Gorgassière.

(Archives communales.)

*
* *

LE COMMERCE.

Il n'y a pas plus d'un siècle, le commerce à Coings était à peu près nul.

Les anciennes mesures encore en usage, les droits d'octroi élevés que l'on percevait sur toutes sortes de marchandises, les communications difficiles, tout cela ne pouvait le faire prospérer.

Ainsi, les mesures que l'on employait couramment n'étaient pas uniformes et fixes dans toutes les communes.

A Châteauroux, par exemple, le boisseau valait 1 dc. 29, à Levroux, 1 dc. 22, à Vatan, 1 dc. 03.

Le poinçon valait à Ardentes : 1 hl. 90, à Châteauroux 2 hl. 20, à Levroux 2 hl. 09, à Vatan 2 hl. 13... etc., etc...

(Extrait du manuel métrique de M. Forest, 1809.)

Les seules anciennes mesures qui soient encore usitées à Coings aujourd'hui sont : la perche, la corde, l'arpent, le journal, l'hommée, la toise, le pied, le pouce, la livre et la boisselée qui vaut 6 a. 25.

Voici maintenant, pour quelques marchandises seulement, le tarif des droits d'octroi que l'on percevait à Châteauroux en 1809 :

Objets.	Quantités.	Droits.
		fr. c.
Vin en cercles.............	l'hectolitre................	1 »
Vin en bouteilles..........	le litre...................	0 05
Vendange................	l'hectolitre...............	0 65
Vinaigre.................	—	0 75
Bière...................	—	3 00
Eau-de-vie..............	—	7 »
Eau-de-vie..............	le litre...................	0 15
Bœufs..................	par tête...................	5 »
Vaches.................	—	4 »
Veaux et génisses.........	—	1 »
Moutons et brebis.........	—	0 40
Chevreaux...............	—	0 05
Dindes et oies mortes......	—	0 10
Porcs et truies............	de 31 kgr. et au-dessous....	0 80
—	de 31 kgr. à 50 kgr.........	1 20
—	de 51 kgr. et au-dessus.....	2 »
Bois de chauffage.........	par stère..................	0 20
Charbon................	par sac...................	0 05
Foins..................	par voiture à 1 cheval......	0 60
—	par voiture à 2 chevaux.....	0 90
—	par voiture à 4 chevaux....	1 50
Avoine en grain..........	l'hectolitre...............	0 20
Avoine en paille..........	la gerbe..................	0 02
Tuile, brique, carreaux......	le mille..................	1 »
Ardoises................	—	1 20
Etc., etc................	....	....

(*Recueil des actes de la Préfecture*, 1809).

Pour ce qui concerne les moyens de communication d'autrefois, ce qui a été dit précédemment au sujet des chemins doit suffire pour laisser concevoir qu'on ne se rendait pas au marché aussi facilement qu'aujourd'hui.

Les marchandises que l'on transportait à Châteauroux ou dans les environs devaient être plutôt rares. Aussi étaient-elles, à cette époque, peu chères en raison des difficultés qu'on avait à les vendre ou à les échanger.

Je retrouve, sur le recueil des actes de la préfecture de l'année 1809 également, un tableau estimatif de quelques denrées, lequel précisément vient à l'appui de mes dires.

En voici un extrait :

Laine de Champagne, le kilogr..............................	2 85
Chapons, la pièce	1 20
Poules, —	0 80
Dindes, la paire...	4 40
Oies grasses, la paire	4 55
Oies maigres, —	2 85
Canards, —	1 55
Poulets, —	1 10
Huile de noix, le kilogr.................................	1 55
Fromages, la pièce.......................................	0 20
Agneaux de lait, la pièce	1 80
Cochons de lait, —	2 25
Noix, le décalitre.......................................	0 95
Haricots blancs, le décalitre...........................	1 75
Pois ronds, —	1 80
Pommes, le quarteron	0 40
Poires, —	0 40
Sucre, le kilogr..	7 20
Beurre, —	1 70
Cire jaune, le kilogr..................................	4 70
Cire blanche, —	7 25
Cire en brèche, —	2 05
Miel, le kilogr...	0 75
Etc., etc.	

Ces prix, pour la plupart, nous paraissent dérisoires, lorsqu'on les compare aux prix actuels. Mais aujourd'hui, tous les produits s'écoulent si facilement.

La commune de Coings approvisionne, pour une large part, le marché de Châteauroux, les foires de Vatan, de Graçay, de Levroux, d'Ardentes et autres ; elle fait un commerce important de grains et de graines, de pailles, de farines, de volailles, d'œufs, de beurre, de fromages, de miel et principalement de moutons.

Tout se vend bien et c'est pourquoi la cherté de la vie a augmenté considérablement.

Voici enfin, à titre de curiosité, et aussi pour montrer que de ce côté les progrès sont également sensibles, la liste des commerçants, industriels ou chefs d'entreprises de la commune, à diverses époques :

En 1839 :

Arrouy-Maquin Thomas, charron, à La Grange des Dîmes.
Darnault Vincent, meunier, à Chantrenne.
Limondin Denis, meunier, à Coings.
Perreau Jean, meunier, aux Riollons.
Poignault Augustin, coquetier, à Ceré.
Poignault-Bouet Pierre, cabaretier, à La Rapinerie.
Veuve Poignault Charles, cabaretière, à Coings.
Salmon Simon, charpentier, à Ceré.
Counillier Pierre, coquetier, à Ceré.

En 1850 :

Thomas Antoine, couvreur, à Ceré.
Darnault Vincent, meunier, à Chantrenne.
Gourichon Patrice, meunier, Les Riollons.
Guerteau Jean, cabaretier, à Coings.
Guignard Jean, cabaretier, à Ceré.
Limousin Pierre, meunier, à Coings.
Poignault Louis, entrepreneur de roulages.
Thomas Arrouy, charpentier, à La Grange des Dîmes.
Légeron Jacques, charron, à Ceré.
Moreau Jacques, charron, à Ceré.

En 1912 :

Boulanger : Dorin Jules, à Coings.
Epiciers-merciers : Arrouy Alexandre, à Coings.
   —   Veuve Moreau, à |Ceré.
   —   Veuve Bruneau, à Ceré.
   —   Patureau Jean, à Ceré.

Cabaretiers : Arrouy Alexandre, à Coings.
— Veuve Vaslin, à Coings.
— Guerteau Isidore, à Ceré.
— Veuve Moreau, à Ceré.
— Dupont Félix, à Ceré.
— Veuve Bruneau, à Ceré.
— Auclair François, aux Turnes.
Buralistes : Arrouy Alexandre, à Coings.
— Dupont Félix, à Ceré.
Meuniers : Dorin Jules, à Coings.
— Veuve Frère, à Chantrenne.
Charron : Arrouy Alexandre, à Coings.
Sabotier : Gablin François, à Ceré.
Constructeur d'instruments aratoires : Légeron Alexandre, à Coings.
Maréchaux : Légeron Alexandre, à Coings.
— Moreau Alexandre, à Ceré.
Entrepreneurs de maçonnerie : Jaumot Théophile, à Ceré.
— Aubrun Henri, à Ceré.
Entrepreneur de battages : Boudeau Jules, à Ceré.
Cycles : Arrouy Maurice, à Coings.
Couturières : Mlle Demy Angèle, à Ceré.
— Mlle Arrouy Jeanne, à Coings.
— Mme Dorin Blanche, à Coings.
— Mme Malassinet Léontine, à Coings.
— Mme Bourdin Juliette, à Ceré.
— Mlle Bourdin Georgette, à Ceré.
— Mlle Guerteau Charlotte, à Ceré.

*
* *

LES MOULINS.

Les communes de Coings et de Notz possédaient autrefois, sur le ruisseau « La Ringoire », un certain nombre de moulins.

Le plus ancien auquel je puis me reporter date de 1408.

C'était le moulin de *Guoguyer* (Gauget) ; il appartenait au camérier de Saint-Gildas, Olivier de Saint-Sébastien.

(*Archives départementales*, A. 107).

Puis viennent ensuite le moulin *Perrin*, le moulin des *Riollons* (moulin de Notz), le moulin *de Coings* et le moulin de *Chantrenne*.

Le moulin Perrin, depuis fort longtemps, n'existe plus, et je ne puis dire au juste à quelle époque il fonctionnait.

Le moulin des Riollons fut abandonné, il y a environ cinquante ans. De sorte qu'il ne reste plus aujourd'hui dans la commune que deux moulins : celui de Coings et celui de Chantrenne.

Le plus important est le moulin de Coings. Il moud environ 12 hectolitres à 15 hectolitres par jour, autant l'été que l'hiver, car lorsque l'eau manque, il est actionné par un moteur.

Le moulin de Chantrenne, autrefois appelé moulin Balot, est régi par son propriétaire, et comme il ne fonctionne que la moitié du temps, il est difficile d'en apprécier le rendement. Disons simplement qu'il est situé à l'endroit le plus favorable du cours de la rivière et qu'il pourrait produire davantáge.

*
* *

LES CARRIÈRES.

Sur le territoire de la commune, on n'extrait que de la pierre calcaire.

Cette pierre est employée pour les constructions et l'entretien des chemins. Elle se trouve en abondance sur les pentes qui séparent le plateau de la plaine marécageuse.

Là, on ouvre une carrière à tel endroit, pour l'abandonner quelque temps après et en ouvrir une autre un peu plus loin, suivant les circonstances, les besoins de la commune et des particuliers.

Les principales carrières qui sont actuellement en activité sont celles de Pontioux, du moulin de Chantrenne, de Ceré, de la Grange des Dîmes, de Gauget et de Notz.

* *
*

LE SERVICE POSTAL.

En 1788, le courrier de Paris à Toulouse ne passait sur la Grand'route [1] qu'une fois par semaine ; en 1803, il y passait trois fois (les lundi, jeudi et samedi).

C'était la malle, lourde voiture à deux roues, arrondie par le haut et recouverte de cuir noir.

Elle était conduite par trois chevaux, deux de front, l'un d'eux monté par un postillon ; le troisième était en arbalète. Il y avait en avant une sorte de cabriolet pour le courrier, lequel pouvait recevoir près de lui un voyageur.

Au commencement de la restauration, la malle fut remplacée par la malle-poste.

Cette voiture était à quatre roues et très roulante.

Devant le coffre aux lettres était un coupé pour trois voyageurs ; dans un cabriolet dominant le coupé, le courrier pouvait recevoir près de lui un autre voyageur.

La malle-poste était conduite par quatre chevaux et un postillon. Tous les soirs elle partait de Paris et se rendait à Châteauroux en 17 heures. (D'après F. Dufresne, page 1010, tome 2.)

Mais depuis que le service postal se fait par voie ferrée, la malle-poste n'existe plus.

La distribution des dépêches ne se fait journellement dans la commune que depuis 1833.

(Registre des délibérations de 1833.)

Avant cette époque, « le piéton » (ainsi appelait-on le facteur), ne venait à Coings que deux ou trois fois par semaine, à jours fixes, et souvent, les dépêches étaient confiées à des tiers pour les porter à destination. Ce système laissait beaucoup à désirer, cela va sans dire.

---

(1) La Grand'route, à cette époque, sur un certain parcours, servait de limite entre les communes de Notz et de Déols ; elle est désignée aujourd'hui sous le nom d'ancien chemin de Châteauroux à Issoudun (Voir la carte).

En 1861, le même facteur desservait les communes de Montierchaume et de Coings et partait du bureau de poste de Déols.

(Registre des délibérations de 1861).

En 1867, le bureau de poste de Déols fut supprimé et Coings, pour le service postal, fut relié au bureau de Châteauroux.

La même année, le conseil municipal fit remarquer à l'administration des postes le long parcours imposé au facteur et obtint que celui-ci ne desservît plus à l'avenir qu'une seule commune (reg. délib. n° 35-1867).

Aujourd'hui le service est encore amélioré : trois facteurs desservent chacun une partie du territoire communal, une cabine téléphonique est installée à Ceré (principale agglomération) et tout récemment, au même lieu, on a établi une recette auxiliaire.

*
* *

Sociétés.

Depuis 1874, il existe à Coings une subdivision de sapeurs-pompiers.

Cette subdivision, composée de vingt membres seulement, s'est signalée déjà en maintes occasions et les services qu'elle a rendus aux habitants de la commune sont considérables. On ne peut que louer, et sa bonne organisation, et le zèle de ses membres.

Jusqu'en 1886, elle a fonctionné sous les ordres du sous-lieutenant Benoît Lucien. Le sieur Arrouy Alexandre en prit ensuite le commandement comme sous-lieutenant tout d'abord et comme lieutenant à partir de 1904.

Depuis 1908, il existe également une société de secours mutuels.

Cette jeune société, malgré les secours qu'elle prodigue fréquemment, prospère chaque année et est appelée à rendre de plus appréciables services encore, lorsque les sociétaires en seront plus nombreux.

C'est une œuvre de solidarité digne du plus bel éloge et qui fait grand honneur à son fondateur, M. Christin Emile.

M. Bourdin Théodore en est actuellement le président.

On ne peut oublier de dire qu'il s'est formé aussi, il y a à peine deux ans, une petite société musicale.

Cette dernière est complètement indépendante et a pour but simplement de rehausser l'éclat de toutes les fêtes et de procurer à ses membres de saines distractions.

LES ASSEMBLÉES.

La Saint-Pierre, qui a lieu tous les ans au bourg de Coings, à jour fixe, était jadis une assemblée réputée et suivie.

Sur le registre des délibérations, 1806, folio 13, je relève ceci :

« Le conseil décide de faire réparer le pont qui relie Notz à
» Coings, de le faire consolider afin qu'il n'arrive d'accidents
» aux nombreuses personnes, aux chevaux et voitures qui
» se rendent à l'assemblée de Saint-Pierre qui se tient le 10
» messidor de chaque année. »

Il y avait également, ce même jour, une louée de domestiques; ce qui attirait les agriculteurs des environs.

La commune profitait de cette grande affluence et faisait payer aux forains un droit de plaçage calculé à raison de un franc par mètre carré de terrain occupé.

En 1829, la Saint-Pierre tenait le 29 juin et avait lieu le jour même qu'elle tombait.

Elle fut remise, en 1908, au premier dimanche de juillet.

Mais depuis longtemps déjà, cette assemblée est moins renommée ; elle n'est plus guère fréquentée que par les habitants de Déols.

Le village de Ceré, depuis une quinzaine d'années, a aussi son assemblée. Celle-ci tient, tous les ans, le lundi de Pâques et semble prendre, contrairement à celle de Coings, une importance de plus en plus grande.

*
* *

Caractères généraux de la population.

Les habitants de Coings, bien que très différents en apparence, présentent plusieurs caractères communs.

Ils sont réfléchis ; ils ont le jugement droit, le caractère honnête comme le berrichon en général, mais ils se font remarquer aussi par leur économie un peu exagérée, leur impatience, et souvent même pour leur défiance.

Ils ne sont point cachottiers. Sur les choses et sur les gens, ils disent leur opinion toute crue et même quelquefois un peu brutalement.

Ce sont des travailleurs acharnés, infatigables.

Ils abattent de l'ouvrage tant qu'ils peuvent, ils prennent sur leur repas, sur leur sommeil ; s'ils sont âpres au gain, on ne peut pas leur reprocher de ne pas gagner leur argent.

Beaucoup d'ouvriers ne connaissent pas le repos hebdomadaire ; ils travaillent continuellement, dimanches et jours de fêtes, et pour se réconforter, ils n'ont, la plupart du temps, qu'une nourriture insuffisante, des harengs, des choux et des pommes de terre, un morceau de salé le dimanche pour corser le menu.

Par contre, les fermiers et les métayers, c'est-à-dire « les maîtres », se disputent le haut du pavé et semblent se détacher de la classe ouvrière par leur manière de vivre. Le rang qu'ils suivent, leur train de maison, tout cela révèle la prospérité de leurs affaires et leur donne un certain prestige.

Les femmes en général ne diffèrent pas de leurs maris par le caractère, il n'y en a point de plus courageuses.

Ajoutons seulement que les plus jeunes, ainsi que les demoiselles, sont très coquettes, et que les plus modestes ouvrières rivalisent avec les plus élégantes « maîtresses ».

Elles savent se donner cette satisfaction, en confectionnant, pour quelques maisons de Châteauroux, certaines pièces de lingerie, en exerçant leur métier de couturière dans les fermes, en mettant la main aux travaux des champs, à l'écorçage de l'osier, etc...

Elles n'en sont pas moins bonnes ménagères et tiennent leur maison d'une façon irréprochable. Tout, dans leur intérieur, dont l'ordre et la propreté constituent le seul luxe, leur fait grand honneur et leur concilie l'amour de leurs maris.

Le langage des habitants de la commune ne présente pas un caractère particulier. On parle lentement, sans accent, en appuyant seulement sur la dernière syllabe des mots, comme dans tout le Berry en général, et les expressions berrichonnes les plus vulgaires sont employées couramment par jeunes et vieux.

Il existe toutefois quelques mots spéciaux au pays qu'il est intéressant de signaler.

Un niais s'appelle ici un « berlaud », un tiroir s'appelle, « une yette » ; on dit « un borne » pour une borne ; on prononce « vute » pour vue, « admire » pour admise, « mire » pour mise, « prire » pour prise.

On dit par exemple :

« As-tu vu la Pinotiote ? — Oui je l'ai « vute »,

— Le garde l'a « prire » dans les bois du marquis. »

Mais ce sont bien les seules particularités qu'il y a lieu de remarquer.

Les coutumes, à Coings, ne présentent également aucune originalité ; mais on peut dire qu'elles ont conservé leur charme d'antan.

Les longues veillées d'hiver, dans les fermes surtout, sont encore appréciées : « Maîtres », « maîtresses », domestiques, enfants, vieillards, tout le monde veille, mais séparément en général, les patrons de leur côté, les serviteurs à part, dans un local qui leur est assigné. Chez ceux-ci on danse au son d'un accordéon, on repasse son répertoire de chansons, ou bien c'est le jeu de cartes qui est en honneur, et une interminable « préférence » est organisée. Chez ceux-là, les contes, les devinettes et les lectures font les frais de la veillée. En somme partout le temps se passe agréablement.

Quand les travaux de la moisson sont terminés, il est d'usage aussi, dans les fermes, de faire « le berlaud ».

A la table des « maîtres » les domestiques sont conviés et

tous font ripaille ensemble en l'honneur d'une récolte plus ou moins bonne.

Je dirai un mot également des mariages. Ils ont ici le même apparat que dans les pays environnants. La future au bras de son père, le futur au bras de sa mère, séparés par un long cortège et précédés d'un maître vielleux, « le père Zidore », s'en vont à la mairie, prononcer devant M. le maire le « oui » sacramentel. La mariée, en guise de remerciement, « bige » M. le maire, « bige » le secrétaire et le cortège se dirige ensuite, dans le même ordre, vers l'église.

La cérémonie religieuse terminée, on pense à se restaurer et aussi à se divertir. Alors, jusqu'au lendemain soir, ce ne sont plus que festins sur festins, chansons sur chansons, polkas sur quadrilles et bourrées sur schottischs.

Les noces se terminent dans la plus franche gaieté et la plus parfaite intimité.

Quelquefois, les lendemains ont un charme nouveau.

Tandis que dans certaines contrées du Berry on porte encore « la roûtie » aux mariés, ici, « on casse les pots ».

Après un déjeuner copieux, les invités, à tour de rôle, armés d'un bâton et les yeux bandés, mettent en morceaux les pots vides qu'un indiscret a trouvé dans quelque vieux bahut.

Ces petites exécutions provoquent le fou-rire de l'assistance, surtout lorsqu'un exécuteur maladroit frappe à côté ou sur quelque autre engin malencontreux.

Il est d'usage ensuite de faire brûler « le bounet des Vieilles ».

Cette cérémonie d'un nouveau genre attire sur les belles-mères toutes sortes de plaisanteries.

Les jeunes gens surtout sont sans pitié et font passer à ces pauvres belles-mamans un bien mauvais quart d'heure.

Mais c'est la tradition ; il est presque réglementaire de s'y conformer.

A Coings, on tient à conserver ces vieilles coutumes qui ont fait la joie des ancêtres, et cela prouve que les gens d'ici sont fortement attachés à leur passé.

CONCLUSION.

Il est aisé de voir que la commune de Coings n'a pas joué, dans l'histoire de la région, un rôle aussi important que certaines localités voisines, comme Déols, Châteauroux, Issoudun, Levroux, par exemple.

Depuis les temps primitifs, jusqu'à nos jours, elle a ressenti seulement le contre-coup de tous les événements qui se sont déroulés en ces lieux.

Son histoire cependant, tout en restant intimement mêlée à celle de la région, a présenté quelques caractères spéciaux.

Le territoire communal a été transformé ; les châteaux, la religion et les édifices religieux, les écoles, les mairies, etc..., ont eu leur histoire particulièrement intéressante ; le commerce a pris une extension considérable ; l'agriculture, enfin, s'est développée si rapidement qu'elle est devenue la ressource principale du pays.

Et les habitants de Coings, par le caractère, ne diffèrent-ils pas sensiblement de leurs voisins ? N'ont-ils pas certaines qualités qui les distinguent et leur font grand honneur ?

Certes on ne peut le nier et il serait injuste de ne pas le reconnaître.

Qu'il me soit permis, en terminant, de leur dire de comparer les temps anciens avec les temps modernes et de mesurer les progrès qui se sont accomplis jusqu'à nos jours. Ils comprendront que le présent est fait en somme de tout ce qui s'est passé jadis ; ils verront qu'il est indispensable de bien connaître ce passé pour le mieux juger et se débarrasser d'opinions souvent inexactes ; ils éprouveront enfin une joie patriotique à la pensée que leur chère commune s'est élevée, par les événements de son histoire, par ses produits et sous le rapport de la civilisation, au niveau des autres communes de toute la province berrichonne.

E. DELAUME.

FIN.